Evinis Talon

O
CRIMINALISTA
Vol. I

Porto Alegre

Evinis Talon

Mestre em Direito pela UNISC/RS.

Especialista em Direito Penal e Processual Penal pela UGF/RJ.

Especialista em Direito Constitucional pela UGF/RJ.

Especialista em Filosofia pela UGF/RJ.

Especialista em Sociologia pela UGF/RJ.

Pós-graduando em Processo Penal pela Universidade de Coimbra (Portugal).

Professor de cursos de Pós-Graduação em Direito Penal.

Ex-Defensor Público do Estado do Rio Grande do Sul.

Advogado Criminalista, consultor jurídico e parecerista em Direito Penal e Processual Penal.

Palestrante e escritor.

contato@evinistalon.com

TALON, Evinis da Silveira. O Criminalista. Porto Alegre: [s.n.], 2017. v. 1.

1. Direito Penal. 2. Direito Processual Penal. 3. Defesa (Processo Penal). 4. Advocacia Criminal. 5. Advogados. I. Título.

copyright © Evinis da Silveira Talon

Dedico este livro a Rui Barbosa, que muito enobreceu a Advocacia.

Para minha querida Jaiane e meus filhos caninos Piu e Apolo.

Aos meus pais, Denize e José Inacio.

SUMÁRIO

APRESENTAÇÃO..........9

1 ABORDAGENS DOUTRINÁRIAS E JURISPRUDENCIAIS: TESES DEFENSIVAS E DEBATES..........11

    1.1 Onde o Direito Penal tem falhado?..........11

    1.2 Por que comemoramos a prisão alheia?..........12

    1.3 O processo penal como meio de "dar exemplo"?..........17

    1.4 A atipicidade da ameaça no calor de uma discussão..........18

2 A ADVOCACIA CRIMINAL..........21

    2.1 A Advocacia Criminal e o marketing de conteúdo (TEXTO INÉDITO)..........21

    2.2 A vítima de um crime precisa de Advogado?..34

    2.3 Os Civilistas precisam dos Criminalistas..........37

    2.4 O que significa 1 milhão de Advogados no Brasil?..........40

3 LEIS E PROJETOS: UMA ANÁLISE CRÍTICA..........43

    3.1 A corrupção no Código Penal..........43

    3.2 Comentários à Lei nº 13.344/16 (tráfico de pessoas)..........46

    3.3 Crime de desordem social?..........52

3.4 Oito condutas "estranhas" que são crime no Brasil..................53

3.5 Como é executada a pena de morte no Brasil?..................59

4 ANÁLISE DA JURISPRUDÊNCIA DO STF..............63

4.1 O porte de munição e o princípio da insignificância..................63

4.2 As consequências do crime e os custos da atuação estatal..................64

4.3 Dezesseis teses do STF sobre o princípio da insignificância..................66

5 ANÁLISE DA JURISPRUDÊNCIA DO STJ..............73

5.1 Dois dentes = lesão grave..................73

5.2 Arrependimento posterior e homicídio culposo na direção de veículo..................74

5.3 A delação premiada e o questionamento por terceiro..................75

5.4 Algumas decisões do STJ sobre o júri..........77

5.5 O tráfico privilegiado não tem natureza hedionda..................84

5.6 Vinte teses do STJ sobre a Lei de Drogas......87

5.7 Quinze teses do STJ sobre apelação criminal e recurso em sentido estrito..................94

APRESENTAÇÃO

A ideia da coleção de livros O Criminalista surgiu da necessidade de reunir todos os artigos que publico diariamente em apenas um lugar. São textos escritos por um Criminalista apaixonado para outros Criminalistas apaixonados e para todos aqueles que, de alguma forma, apreciam o Direito Penal e o Direito Processual Penal.

Não se trata de um manual de Direito Penal ou Processual Penal, tampouco de um conjunto de artigos voltados a um único tema. São apenas análises e pensamentos aleatórios, cujo único ponto de encontro é o que nos move: o amor incondicional pela área criminal.

O meu objetivo com esses livros é ajudar a desenvolver a Advocacia Criminal, tão maltratada com padronizações de peças, condutas passivas e "falsos artesãos", que invocam indevidamente a expressão "Advocacia Criminal artesanal".

O livro destina-se a todos os amantes da área criminal: Advogados, estudantes de Direito, Juízes, Promotores de Justiça, Procuradores da República, Defensores Públicos, Delegados de Polícia, servidores públicos, candidatos de concursos públicos, Professores Universitários, pesquisadores etc. Em suma, destina-se a qualquer pessoa que, em algum momento, queira respirar os ares da instigante área penal.

Alguns sentirão maior identificação com os artigos mais teóricos, outros com os jurisprudenciais. Isso dependerá muito do estágio atual da vida de cada leitor. Há aqueles que estão na faculdade e possuem dúvidas sobre a carreira, outros estão iniciando os estudos para algum exame ou concurso. Por fim, há quem esteja exercendo a Advocacia ou alguma carreira pública em sua plenitude.

Serão publicados novos volumes periodicamente. Os textos do volume 1 foram escritos em novembro de 2016. Além dos textos já publicados em outros meios, há um escrito inédito, cujo título é "A Advocacia Criminal e o marketing de conteúdo".

Aproveite a leitura, pois este livro foi elaborado pensando em você.

Evinis Talon,
Janeiro de 2017.

1 ABORDAGENS DOUTRINÁRIAS E JURISPRUDENCIAIS: TESES DEFENSIVAS E DEBATES

1.1 Onde o Direito Penal tem falhado?

Este é um texto curto, sem citações ou análises técnicas. Apenas um desabafo!

Onde o Direito Penal tem falhado?

Será que falha ao tentar diferenciar dolo eventual e culpa consciente, quando alguns casos, diante da grande repercussão (Boate Kiss e Mariana), são levados midiaticamente ao dolo eventual e ao espetáculo de um júri que não aconteceria se fosse reconhecida a culpa?

Será que falha ao tentar prever um rol de direitos na execução penal e desrespeitá-los continuamente? E falha mais ainda por insistir na denominação "benefícios" quando sabemos que são DIREITOS e, portanto, a sua concessão não é uma faculdade – ou presente – do Juiz?

Há falha na falta de coragem para a aplicação do princípio da insignificância, levando a denúncias por R$ 5,00?

E o Direito Processual Penal? Será que há uma falha quando a prisão preventiva é utilizada unicamente para receber elogios da mídia? Mas e se for para aparecer na capa do jornal? Onde fica o "direito fundamental do Juiz a aparecer na mídia como guardião da ordem suprema das coisas"?

Ocorre que o Direito Penal quase nunca é levado a sério, em que pese seja o ramo do Direito com as consequências mais gravosas, as quais englobam, por exemplo, a privação da liberdade, a restrição de direitos e o estigma de condenado, com a consequente reprovação social da conduta e, sobretudo, do autor do fato.

O Direito Penal está falhando. Ou seria culpa de quem o aplica?

Repito algo que disse num dia desses:

O Direito no Brasil tem apenas dois problemas: as leis e as pessoas que as aplicam. O resto está excelente!

1.2 Por que comemoramos a prisão alheia?

Em Ética a Nicômaco, Aristóteles discute se o prazer seria ou não um bem. Para tanto, apresenta três opiniões:

– Nenhum prazer é um bem.
– Alguns prazeres são bons, mas a maioria é má.
– Todos os prazeres são bons.

Levando esse debate para a seara criminal, é

incontestável que há enorme prazer público quando ocorre a prisão de outrem. Os motivos podem ser vários: aumento da segurança pessoal em virtude do aprisionamento de um potencial criminoso, ideologia política diversa, inveja pelo sucesso do outro (especialmente em caso de prisão de famosos) etc.

Esse prazer pela prisão alheia é bom?

Sobre essa questão, deve-se ter em mente que normalmente queremos um Juiz rigoroso e punitivista para o outro, mas um Juiz garantista para as pessoas do nosso círculo.

A decisão do STF sobre a execução da pena após a condenação em segunda instância, conquanto preocupante e violadora da presunção de inocência, não é nada perto de um novo fenômeno que está se instaurando, qual seja, a execução da pena antes da sentença condenatória de primeira instância. Em alguns casos, antes da audiência de instrução e julgamento.

E aqui não me refiro ao decreto de prisão preventiva como cautelar para se evitar a fuga, a intimidação de testemunhas ou outros motivos legalmente cabíveis. Refiro-me à decretação de prisão preventiva sem a presença dos requisitos dos arts. 312 e 313 do Código de Processo Penal, como decorrência apenas da "convicção" da prática de um crime.

Há inúmeras situações notórias em que a prisão preventiva se transformou em mera execução antecipada da pena, como no caso das prisões cautelares dos ex-Governadores do Rio de Janeiro, Garotinho e Sérgio Cabral.

São decisões fundamentadas na afirmativa de que, "há X meses/anos, o acusado provavelmente praticou o crime pelo qual é acusado, motivo pelo qual é necessária a prisão preventiva".

Apesar da utilização da expressão "prisão preventiva", trata-se de execução antecipadíssima da pena, pois fundamentada unicamente na prova suficiente de autoria e materialidade. Aplica-se a prisão preventiva em razão da prática do crime... e nada mais!

Goste ou não das figuras presas, não se comemora a prisão, principalmente a preventiva, por mais prazerosa que ela aparente ser.

Se a prisão preventiva está correta, com a observância dos requisitos legais, não deve ser comemorada. A prisão de alguém é sempre uma falha individual, para as escolas que acreditam na autodeterminação do agente, ou social, no caso das escolas que tratam da influência da sociedade em relação ao agente. Ninguém comemora falhas!

De qualquer forma, mesmo que você não concorde com essa ideia da falha social ou da coculpabilidade, é desumano comemorar a inserção de alguém no "sistema" – deveria ser organizado para ser um sistema – prisional, em que poucos

O CRIMINALISTA

direitos da Lei de Execução Penal são respeitados e vários crimes são praticados (homicídios, lesões, estupros...). Quando os crimes não estão sendo praticados contra o preso, estão sendo a ele ensinados ou incentivados.

Há uma diferença básica entre entender a prisão como necessária e comemorar o envio de alguém para o cárcere. Se não entendermos essa diferença, a prisão continuará sendo um instrumento de vingança. De tempos em tempos continuarão sendo escolhidos inimigos públicos ou privados, como se estivéssemos sacrificando camponeses para uma oferenda aos deuses em troca de uma bela safra de milho. Nós somos os deuses; a aceitação do Juiz pela opinião pública, o milho.

Se a prisão preventiva está incorreta, desrespeitando os requisitos legais e constituindo mero simulacro cautelar para a execução antecipada da pena, não há motivo para se comemorar. Quando um indivíduo tem cerceada sua liberdade arbitrariamente, todos os outros sofrem um dano potencial em sua liberdade. Seja por incapacidade de se alhear do clamor público presente, seja por um desejo ardente de massagear o ego, o Magistrado que banaliza a prisão cautelar não é menos culpado do que aquele contra o qual se decretou a prisão preventiva.

Já ouvi um Juiz dizendo: "se eu não prender preventivamente e ele praticar outro crime, serei massacrado pela opinião pública. Mas se o Tribunal soltar, o peso é dos Desembargadores." Veja: estamos em um país no qual a concessão da liberdade é um peso para o Juiz, enquanto a prisão é uma segurança. Faz-se uma balança: de um lado, o (des)agrado do preso e de sua defesa; do outro, o (des)agrado e a (des)aceitação pela opinião pública. Novamente, o sacrifício em prol da safra de milho...

O pouco que nos sobra de garantismo penal depende de sorte. Para todo o resto punitivista, basta o azar.

Quem é denunciado criminalmente depende da competência territorial, considerando que em alguns locais há "códigos processuais municipais".

Na distribuição entre as Varas Criminais, a sorte pode definir se será processado em liberdade ou preso preventivamente.

Em eventual recurso de apelação ou "habeas corpus", a sorte na distribuição entre as Câmaras poderá aumentar ou diminuir as chances de soltura. No mesmo sentido, a escolha do relator.

A prisão preventiva, se legal ou ilegal, deve ser tão comemorada quanto a prática de um crime, ou seja... não comemore! A não ser que estejamos de volta aos tempos de sacrifícios humanos pela safra do milho...

1.3 O processo penal como meio de "dar exemplo"?

Ouvi um acusador – pseudo Promotor de Justiça – afirmar certa vez que sabia que o acusado merecia ser absolvido pelo fato em análise, mas que sua condenação deveria ser utilizada como exemplo para a sociedade. Alguém que faz uma afirmação assim em sã consciência é mero acusador, e não Promotor de Justiça.

O que significa "condenar alguém para dar exemplo"? E uma "pena exemplar"?

O processo penal não tem como função "dar exemplo". Se um Juiz condena alguém ou fixa uma pena elevada unicamente para dar exemplo, temos ali um exemplo do que não é um Juiz. E nenhum outro exemplo...

Quando – e se – aceitarmos passivamente que o processo penal tem o objetivo de dar exemplo, nós, seres humanos, deixaremos de ser exemplo de seres racionais.

Definir uma condenação como exemplar é entender que há um modelo a seguir, um tipo ideal (expressão de Max Weber) de punição, desconsiderando que a sanção estatal só se faz necessária quando há um crime e a punibilidade ainda não se extinguiu, de acordo com cada caso concreto.

De fato, a punição como exemplo tem apenas o caráter simbólico. Tem o único desiderato de elevar ao zênite a prevenção especial negativa (neutralização do condenado) e, principalmente, a prevenção geral negativa (intimidação coletiva). Tem-se, então, um exemplo concreto de como não deve ser o processo penal.

1.4 A atipicidade da ameaça no calor de uma discussão

O crime de ameaça está previsto no art. 147 do Código Penal nos seguintes termos:

> Art. 147 – Ameaçar alguém, por palavra, escrito ou gesto, ou qualquer outro meio simbólico, de causar-lhe mal injusto e grave:
> Pena – detenção, de um a seis meses, ou multa.
> Parágrafo único – Somente se procede mediante representação.

Pelo tipo penal, observa-se que o crime de ameaça pode ser praticado por inúmeras formas, sendo a forma oral a mais comum.

Outra elementar do crime de ameaça é a promessa de causar um mal injusto e grave. Assim, se o mal for justo ou não for legalmente proibido, não haverá ameaça. Dessa forma, quem promete ajuizar um processo ou diz que vai "botar na Justiça" não está cometendo o crime de ameaça, por se tratar de mal justo e legalmente permitido.

Salienta-se, por oportuno, que o crime de ameaça é um

crime de ação penal pública condicionada à representação.

Significa que, havendo manifestação da vítima de que tem interesse em ver o autor do fato processado, o Ministério Público impulsionará o processo de ofício, promovendo a denúncia (se cabível) e promovendo provas que fundamentem a acusação. Destarte, é desnecessário que a vítima constitua um Advogado para promover a acusação, exceto se quiser atuar na assistência à acusação, isto é, auxiliando o Ministério Público na formação do conjunto probatório.

Uma tese defensiva muito interessante relacionada ao crime de ameaça é a alegação de atipicidade na hipótese em que o autor do fato tenha proferido as "ameaças" durante o calor de uma discussão ou em estado anímico totalmente alterado. Em outras palavras, quando o agente age em estado de descontrole ou alteração anímica, há uma incompatibilidade com o dolo de ameaçar.

Nesse sentido, o Tribunal de Justiça do Rio Grande do Sul:

> APELAÇÃO CRIME. AMEAÇA. ART. 147 DO CP. ATIPICIDADE DA CONDUTA. SENTENÇA ABSOLUTÓRIA MANTIDA.
> **Não se reveste de tipicidade penal a conduta do réu que profere ameaça sem concretude, em momento de alteração anímica, provocada pelo próprio policial que atirou em seu cachorro, e que sequer referiu ter se sentido intimidado. RECURSO**

MINISTERIAL DESPROVIDO. (Recurso Crime N° 71002544534, Turma Recursal Criminal, Turmas Recursais, Relator: Cristina Pereira Gonzales, Julgado em 10/05/2010) [Grifei]

RECURSO CRIME. AMEAÇA. ART. 147, CAPUT, DO CP. ATIPICIDADE DA CONDUTA. SENTENÇA CONDENATÓRIA REFORMADA. **O crime de ameaça não se configurou na espécie, em que a afirmação foi proferida no calor de uma discussão**, não se verificando a ocorrência de promessa séria de mal futuro e grave, mas mero desabafo ou bravata, que não correspondem à vontade de preencher o tipo penal. RECURSO PROVIDO. (Recurso Crime N° 71002437036, Turma Recursal Criminal, Turmas Recursais, Relator: Cristina Pereira Gonzales, Julgado em 15/03/2010) [Grifei]

2 A ADVOCACIA CRIMINAL

2.1 A Advocacia Criminal e o marketing de conteúdo (TEXTO INÉDITO)

Foi-se o tempo em que um anúncio no jornal ou um "banner" patrocinado em alguma rede social seria uma forma de atrair novos clientes. Disponibilizar em algum lugar o seu nome, telefone, endereço e área de atuação não é mais suficiente para diferenciá-lo da maioria. Atualmente, o que o cliente/prospecto quer, sobretudo na área criminal, é o conhecimento.

Em um universo de mais de um milhão de Advogados, o principal fator de diferenciação e destaque é - por óbvio - fazer algo diferente do que a imensa maioria faz. Quando pensamos nisso, lembramo-nos de que o Brasil tem aproximadamente 1.300 faculdades de Direito, número tão assustador quanto a já mencionada quantidade de Advogados.

Nesse universo acadêmico e profissional, é comum ouvirmos críticas ao ensino jurídico no país. Ao final do curso, temos muitos bacharéis que se sentem (ou estão) despreparados e desiludidos. Alguns "sofreram" nos últimos semestres com o tão temido trabalho de conclusão de curso (TCC) e, por essa razão, comemoram o fato de não mais precisarem escrever ou realizar pesquisas.

Em minha opinião, duas das causas da crise do ensino jurídico no Brasil são:

- faculdades que objetivam apenas preparar os alunos para concursos públicos. De fato, os concursos continuam sendo o desejo da maioria dos alunos. Lembro-me de, no início do semestre, ter perguntado aos meus alunos sobre a opção futura. Todos disseram que queriam concursos. O único que mencionou a Advocacia também queria concurso público.

Assim, os estudantes são criados para reproduzirem o conhecimento, pois devem se amoldar ao gabarito dos examinadores, considerando que, se inovarem nos concursos, não receberão nenhuma pontuação por isso.

- salvo exceções, há uma ausência de interesse na pesquisa. Poucas são as faculdades que tornam os projetos acadêmicos obrigatórios.

Assim, os estudantes absorvem a cultura da mera reprodução, sem interesse na inovação, na elaboração e na redação. Com exceção daqueles que, por esforço próprio, saem dessa redoma, há uma massificação do ensino, que posteriormente se transforma na massificação da Advocacia.

Destarte, o que realmente diferencia os Advogados é o conhecimento. No caso dos Advogados Criminalistas, o conhecimento altamente especializado.

Acredito que essa é a diferenciação que deve ser divulgada. A informação é a moeda mais valiosa do século XXI. Tendo a informação correta, tem-se o destaque e a diferenciação.

Antes de abordar exatamente o marketing de conteúdo na Advocacia Criminal, entendo ser primordial questionar os problemas das outras formas de marketing. Nesse contexto, não abordo questões técnicas sobre o marketing, pois as desconheço. Não tenho formação em marketing, tampouco pretendo tê-la. Portanto, essa é uma análise a partir do que vejo, sinto, penso e, principalmente, quanto aos resultados que tenho percebido.

Inicialmente, destaco que as afirmações sobre as formas de marketing não são direcionadas a ninguém. Não pensei nesses meios de marketing enquanto presenciava ou me lembrava de alguma situação concreta. Por essa razão, não farei juízo de valor quanto ao comportamento em si, dado que esse não é o objetivo dessa análise. Pretendo, exclusivamente, tratar das percepções que essas formas de marketing corriqueiramente adotadas geram em mim e, possivelmente, em outras pessoas.

Tenho visto as seguintes formas de marketing:
- marketing de conteúdo.

- marketing de anúncio.
- marketing de "exaltação de algum resultado obtido".
- marketing de localização/GPS no Facebook.
- marketing de compartilhamento de conteúdo de terceiros.

Quanto ao marketing de conteúdo, analisarei suas vantagens ao final, por se tratar do escopo principal deste texto.

Sobre a publicidade em jornal e demais anúncios pagos, deixo uma indagação: o que um anúncio de um escritório de Advocacia Criminal prova? A resposta é: demonstra unicamente que aquele escritório investiu algum recurso financeiro no anúncio. Ainda que a publicidade contenha alguma expressão dizendo que se trata de especialista em determinada área, a afirmação não tem indicativos de que isto seja verdade. Qualquer um pode inserir num papel que é especialista em aerodinâmica de naves especiais.

A utilização de anúncios apenas tem alguma efetividade em caso de marcas já consolidadas que queiram fortalecer a sua presença para determinado público. Caso contrário, os anúncios são inócuos, haja vista que não destacam a capacidade dos profissionais.

Quanto ao marketing de "exaltação de algum resultado obtido", refiro-me à divulgação nas redes sociais de textos ou imagens com os dizeres "liminar concedida", "absolvição", "alvará concedido" ou trechos semelhantes. Em outras palavras, qualquer menção a um resultado favorável conquistado pelo Advogado.

Não desconsidero a emoção que é, mesmo para quem tem anos de experiência, a obtenção de um resultado favorável na seara criminal. Nesses tempos sombrios, em que há uma desconsideração dos direitos e das garantias processuais penais, um desfecho favorável positivo para a defesa deve ser comemorado.

Entretanto, há alguns inconvenientes:

A um, o cliente que verifica esse tipo de publicação pode sentir-se ofendido ou com a sua privacidade violada, ainda que a publicação não mencione o seu nome.

A dois, muitos questionarão: "por que esse Advogado não publica os resultados desfavoráveis?". Aliás, quando o Advogado publica frequentemente seus resultados benéficos, há uma sensação de que ele divulga todos - sem exceção - os seus casos de absolvição, não possuindo resultado favorável que não tenha sido divulgado.

A três, há o inconveniente de parecer que uma absolvição é sempre mérito do Advogado, e nunca do seu cliente, que realmente era inocente no caso concreto.

A obtenção de resultados anteriores é um grande

diferencial, mas apenas quando chega ao cliente/prospecto por meio de terceira pessoa, normalmente por indicação. O melhor marketing ocorre quando uma pessoa diz a outra que determinado Advogado prestou um excelente serviço na defesa de alguém. É uma indicação genuína, um destaque voluntariamente feito por terceiro, que elogia, de modo sincero, os resultados obtidos ou os meios empregados pelo Advogado.

Entretanto, há uma exceção: acredito ser válida a divulgação de algum julgamento favorável quando decorre da aceitação de alguma tese inovadora criada ou proposta pelo Advogado. Essa perspicácia consolidará a marca do Advogado Criminalista na comunidade jurídica e acadêmica.

Em relação ao marketing de "localização/GPS do Facebook", reporto-me àqueles que compartilham a localização nas redes sociais, demonstrando que estão no Tribunal de Justiça, Fórum, Delegacia etc. Novamente, não entrarei na questão sobre o comportamento em si, mas apenas as percepções que isso gera.

Em primeiro lugar, ouvi recentemente um colega dizendo que alguns Advogados faziam esse tipo de postagem apresentando a localização do Tribunal de Justiça com a descrição "na luta" ou "sustentação oral", quando, na verdade, apenas compareceram ao local para observar a sustentação oral de outros Advogados. A localização não significa que o

Advogado está naquele local trabalhando. Aliás, tampouco significa que ele está no local, pois é possível alterar a localização facilmente.

Não vejo problemas em, uma vez ou outra, mencionar onde está, na esperança de que encontre algum colega no local. O problema consiste na divulgação frequente de sua localização como tentativa de demonstrar que está trabalhando muito. Portanto, trato apenas da divulgação da localização como meio de marketing.

O Advogado que compartilha frequentemente sua localização está dizendo para todos os outros - cidadãos e Advogados - a quantidade de processos em que atua. A percepção sobre isso - favorável ou desfavorável - dependerá da avaliação de cada um.

Ademais, há um efeito contrário na excessiva veiculação da localização. A Advocacia é uma atividade intelectual, e não meramente manual. Normalmente, os Advogados bem-sucedidos trabalham pouquíssimo em termos de quantidade, porque se dedicam a casos de grande valor agregado ou de maior complexidade. Por outro lado, os Advogados que fazem dezenas de audiências normalmente são aqueles que cobram honorários baixos, talvez até inferiores à tabela da OAB. Portanto, o excesso de trabalho não significa sucesso. Talvez gere um efeito contrário, no sentido de que o Advogado precisa atuar em inúmeros casos menores. Essa é uma das percepções possíveis.

No que tange às formas de marketing anteriormente mencionadas, entendo que é necessário mudar o parâmetro de nossas publicações. Passamos tanto tempo em redes sociais de caráter pessoal (Facebook e Twitter) que nos esquecemos de utilizá-las como redes profissionais, a exemplo do Linkedin, rede em que quase todos os profissionais divulgam conteúdos relevantes relativos às áreas em que atuam profissionalmente. O Linkedin é o melhor parâmetro para fins de marketing de conteúdo, principalmente em razão dos artigos - próprios ou de terceiros - compartilhados.

No que concerne especificamente ao marketing de conteúdo, a forma corriqueiramente adotada é a de compartilhamento de conteúdo de terceiros. Muitos Advogados compartilham links ou imagens de sites jurídicos ou de órgãos públicos. Um dos conteúdos mais divulgados é o da página do Senado Federal.

Entendo que esse compartilhamento de artigos ou notícias de terceiros é muito mais efetivo que as formas anteriormente narradas. Contudo, a mera divulgação, sem qualquer comentário, pode transmitir a noção de que o Advogado Criminalista apenas leu o título do artigo ou não tenha a capacidade de analisar criticamente o conteúdo repassado.

Logo, quando se promove o conteúdo elaborado por terceiro, o mais adequado é que se elabore uma resenha sobre o texto ou destaque os pontos mais importantes. Em cada divulgação, o Advogado Criminalista deve constatar a possibilidade de demonstrar seu domínio sobre o tema.

Compartilhar o conteúdo gerado por alguém é uma forma eficaz de estabelecer um relacionamento com aquela pessoa e, futuramente, alcançar uma parceria profissional. Divulgar o entendimento de alguém é um sinal de respeito e admiração intelectual. Daí porque entendo ser mais eficaz o compartilhamento de conteúdo gerado por juristas e doutrinadores (pessoas físicas) do que a divulgação de textos e notícias de órgãos públicos (STF, STJ, Senado etc.).

Mais eficaz que a mera reprodução do conteúdo de terceiros é a divulgação de conteúdo autoral, inédito e inovador. Esse é o melhor meio pelo qual se promove o marketing de conteúdo.

Quando li pela primeira vez o autor Felipe Asensi (2013, p. 71) defender em sua obra a importância de que o Advogado seja um verdadeiro produtor de conhecimento jurídico e que conduza as discussões jurídicas nos diversos espaços midiáticos e do próprio Direito, questionei-me se essa forma de marketing jurídico era, de fato, a mais efetiva. Sempre há relutância quando encontramos uma informação nova e impactante.

Contudo, aprendi na prática a importância da divulgação de conteúdo próprio e original quando estabeleci como meta a publicação de, no mínimo, um artigo diário sobre Direito Penal ou Direito Processual Penal. E se você está lendo esse livro agora, provavelmente me "descobriu" a partir de algo que publiquei.

Algo que praticamente não é falado no meio acadêmico, acostumado com o formalismo exacerbado, é que devemos conjugar a produção científica de livros e artigos de referência em revistas especializadas (especialmente com Qualis) com artigos mais curtos, que tratam de questões mais imediatas, normalmente publicados na internet.

Os artigos curtos, preponderantemente publicados na internet ou em informativos de associações jurídicas, demonstram a imediaticidade do Advogado Criminalista na análise daquele fato ou problema, algo que não é possível em livros e artigos de revistas científicas, que demoram alguns meses entre a redação, a aprovação e a publicação.

A publicação deve ser sobre a área em que atua. Tenho ressaltado em vários textos, inclusive neste livro, que há uma enorme margem de crescimento para os Advogados que optam por se dedicar a uma atuação específica em determinada área.

Nesse sentido, a vantagem do esforço na produção de conteúdo sobre uma área especializada é o fortalecimento da imagem de especialista, o que poderá ensejar convites para consultorias a colegas que não atuem de forma especializada, palestras, projetos acadêmicos, docência e muitas outras oportunidades.

Produzir conteúdos em áreas esparsas e distintas entre si, como Civil, Penal e Previdenciário, tem um pouco mais de resultado do que não produzir conteúdo e infinitamente menos resultado do que produzir apenas conteúdo especializado.

Assim, se fosse para hierarquizar a produção de conteúdo jurídico para aqueles que querem atuar na Advocacia Criminal, seria assim:

- nada eficaz: não produzir conteúdo.
- pouco eficaz: produzir conteúdo em muitas áreas distintas (Civil, Penal, Previdenciário etc.).
- muito eficaz: produzir conteúdo em apenas uma área.

Se a produção de conteúdo for constante e os escritos forem inovadores, temos o resultado ideal.

A Advocacia Criminal representa a área que necessita de maior qualificação no Direito. O erro do Criminalista, por desconhecimento ou desatualização, resulta em consequências nefastas para o seu cliente, como a privação da liberdade e o estigma social de condenado.

Nesse diapasão, os clientes sabem que o ideal é encontrar

um Advogado que se dedique somente à área criminal, alguém que, enquanto conversa sobre interrogatório e provas, não esteja pensando em elaborar uma petição inicial de divórcio, uma reclamação trabalhista ou ir ao INSS. O cliente criminal precisa de um Advogado focado no seu problema. E a publicação de conteúdo exclusivamente na área criminal é a forma perfeita de demonstrar o foco do Advogado.

Outro ponto importante quanto ao marketing de conteúdo é que o Advogado Criminalista deve chamar para si a missão de ser um influenciador, ou seja, alguém que define rumos para os debates jurídicos. A produção de conteúdo original e crítico é um diferencial para o Advogado. Ultrapassa-se aquele limite de ser apenas alguém que compartilha conteúdo de terceiros ou reproduz textos prontos para ser alguém que gera o próprio conteúdo.

Sobre a capacidade de influência, insta destacar que a produção de conteúdo na internet permite uma imediaticidade enorme. O Advogado que produz conteúdo próprio e comenta alguma decisão judicial recente ou uma alteração legislativa tem a vantagem de demonstrar seu conhecimento, pois demonstra a desnecessidade de acessar outras fontes para escrever o artigo.

Analisando um caso prático, é possível tratar da recente publicação do Decreto do Indulto de 2016. No mesmo dia em que ele foi publicado, redigi e publiquei um artigo de oito páginas analisando cada dispositivo do Decreto (o texto estará no volume 2). Por ter sido um dos primeiros artigos publicados sobre o indulto de 2016, o texto "viralizou" e foi acessado por dezenas de milhares de pessoas. Isso apenas foi possível em razão da minha experiência nesse assunto e do fato de lecionar a teoria da pena. Se não fosse isso, demoraria semanas para entender desde o início cada parte do Decreto. Perderia a imediaticidade, e o artigo não teria relevância.

Um artigo pode ser distribuído em diversos formatos e plataformas. Caso faça um artigo de cerca de vinte páginas para uma revista científica com Qualis ou algum congresso jurídico, poderá transformá-lo em vídeo posteriormente. Também poderá reduzi-lo para duas ou três páginas e publicá-lo em sites especializados, que possuem um alcance muito superior às revistas. Por fim, também poderá reproduzir a versão resumida do seu artigo no seu site profissional.

O marketing de conteúdo é imprescindível para o crescimento do Advogado Criminalista. Como referido anteriormente, a publicação de textos relevantes tem como consequência o surgimento de convites para palestrar, ministrar aulas inaugurais de cursos, realizar workshops ou seminários etc. A cada novo artigo, vídeo ou evento, sobe-se um degrau na solidificação de sua marca jurídica.

Bibliografia:
ASENSI, Felipe Dutra. *Marketing jurídico*. Rio de Janeiro: Elsevier, 2013.

2.2 A vítima de um crime precisa de Advogado?

A vítima de um crime precisa de Advogado?

A resposta: depende do crime.

Explico: em regra, os crimes são de ação penal pública incondicionada. Significa que o fato será investigado com a mera comunicação à autoridade policial. Em seguida, o Ministério Público vai denunciar (ou não), independentemente da vontade da vítima. Para esse tipo de crime, a vítima não precisa contratar Advogado, a não ser que queira constituir um assistente à acusação, ou seja, um Advogado que atuará para tentar obter a condenação do réu, atuando ao lado do Ministério Público na formação das provas e nas argumentações pertinentes.

Nos crimes de ação penal pública, a vítima também pode constituir um Advogado para auxiliá-la durante o processo, principalmente se houver algum risco de que ela se incrimine durante os seus depoimentos nas fases policial e judicial.

Como exemplos de crimes de ação penal pública,

podemos citar: homicídio, furto, roubo, estelionato, apropriação indébita, corrupção ativa e passiva etc.

Há crimes que são de ação penal pública condicionada à representação, ou seja, o Ministério Público inicia e dá prosseguimento à denúncia, mas dependem de uma manifestação inicial da vítima no sentido de que deseja ver o autor do crime processado.

Nesses crimes, a contratação de um Advogado é facultativa, na forma anteriormente explicada sobre os crimes de ação penal pública incondicionada. São exemplos desses crimes: ameaça, estupro, perigo de contágio venéreo e furto de coisa comum.

Por entender que não possuem muita utilidade prática para essa análise, deixarei de mencionar os crimes de ação penal pública condicionada à requisição do Ministro da Justiça.

Por fim, há os crimes de ação penal de iniciativa privada. Para esses crimes, a vítima deve contratar um Advogado ou ser assistida pela Defensoria Pública para que seja promovida uma queixa. A vítima, portanto, dependerá de um Advogado para iniciar e dar prosseguimento à acusação.

Caso a vítima não constitua um Advogado para apresentar a queixa, não haverá processo. Depois de 6 meses do dia em que a vítima veio a saber quem é o autor do crime, ocorrerá a decadência, extinguindo a punibilidade do autor do fato e inviabilizando a sua responsabilização criminal.

Assim, os crimes do Código Penal para os quais a vítima precisa constituir um Advogado para representá-la na acusação são:

– Calúnia (art 138), difamação (art. 139) e injúria (art. 140), com exceção de algumas hipóteses previstas no art. 145 do Código Penal;

– Alteração de limites (art. 161), usurpação de águas (art. 161, §1º, I) e esbulho possessório (art. 161, §2º, II), se a propriedade for particular e não houver emprego de violência;

– Dano simples (art. 163) e dano qualificado pelo motivo egoístico ou com prejuízo considerável para a vítima (art. 163, IV);

– Introdução ou abandono de animais em propriedade alheia (art. 164);

– Fraude à execução (art. 179);

– Violação de direito autoral (art. 184);

– Induzimento a erro essencial e ocultação de impedimento para casamento (art. 236);

– Exercício arbitrário das próprias razões, se não há emprego de violência (art. 345).

Resumindo:

– Como regra, a vítima não precisa contratar Advogado,

mas pode contratá-lo caso queira reforçar a acusação ou ter orientações jurídicas referentes aos seus depoimentos.

– Em alguns crimes, a vítima precisa contratar Advogado ou ser assistida pela Defensoria se quiser que o autor do fato seja responsabilizado criminalmente.

2.3 Os Civilistas precisam dos Criminalistas

Calma! Não estou dizendo que os Criminalistas não precisam dos Civilistas. Dizer que A precisa de B não quer dizer que B não precisa de A. Nós, Criminalistas, também precisamos – e muito! – dos Civilistas. O que quero é demonstrar como os Civilistas podem utilizar melhor os Criminalistas.

Foi-se o tempo em que a atuação de um Advogado como "clínico geral" era suficiente. Atualmente, há uma demanda cada vez maior por especialistas e por quem tenha a informação certa na hora certa. Informação e tempo são os pontos nevrálgicos do século atual. Dominar a teoria e a prática dos vários ramos do Direito, assim como a complexidade das relações humanas, é impossível.

Nesse ponto, o Advogado deve ter capacidade para inovar, mas dentro de sua especialidade. Em outras palavras, "pense fora da caixa, mas cada um no seu quadrado" (contraditório, não?).

Atualmente, segundo o relatório Justiça em Números do CNJ, a execução cível na Justiça Estadual demora, em média, incríveis 8 anos e 11 meses. A dificuldade para a localização do executado ou de seus bens é um dos principais motivos dessa demora. Também não são raras as demoras excessivas no cumprimento de sentenças de ações possessórias.

Mas o que os Criminalistas podem fazer pelos Civilistas nesses casos?

Durante a tramitação da execução cível, é necessária uma forte fiscalização para que o executado não se desfaça fraudulentamente dos seus bens. Em determinadas hipóteses, a conduta do executado pode configurar o crime de fraude à execução, previsto no art. 179 do Código Penal. Este crime depende de queixa, a ser formulada por um Advogado.

A utilização de uma ação criminal para reprimir a conduta da fraude à execução possibilitará que o executado reflita melhor antes de tomar outra atitude ilícita que possa prejudicar a satisfação do crédito do exequente.

No mesmo sentido, as ações possessórias e petitórias podem ser reforçadas com ações criminais, mediante queixa, por crimes de alteração de limites (art. 161 do Código Penal), usurpação de águas (art. 161, §1º, I) e esbulho possessório (art.

161, §2º, II), se a propriedade for particular e não houver emprego de violência. Nos demais casos, cabe ao Ministério Público promover a denúncia.

Nesse diapasão, muitas ações cíveis, especialmente no âmbito do Direito de Família, são acompanhadas de boletins de ocorrência. Os casos mais comuns são as ocorrências por crimes de lesões corporais, ameaça, dano e abandono material. Também há inúmeros casos de ações cíveis em que são juntadas cópias de boletins de ocorrência por estelionato ou apropriação indébita.

Entrementes, urge lembrar que todos os registros de ocorrência para instauração de inquérito devem ser feitos cuidadosamente e com inúmeras advertências, sob pena de que, posteriormente, o indivíduo responda por crime de denunciação caluniosa (art. 339 do Código Penal), cuja pena é de 2 a 8 anos de reclusão. Por esse motivo, a atuação do Criminalista é fundamental.

Além das hipóteses de queixa-crime e dos boletins de ocorrência para atribuir maior credibilidade aos fatos narrados, os Civilistas podem precisar dos Criminalistas para a assistência à acusação em determinadas hipóteses específicas, sobretudo quando apurada a prática de crime de algum dos funcionários de uma empresa e esta quiser contribuir ativamente para a investigação, para posterior demissão por justa causa ou ação de responsabilidade civil.

Há inúmeras outras situações em que os Civilistas precisam dos Criminalistas.

De fato, os especialistas possuem uma necessidade recíproca. Os Criminalistas precisam dos Tributaristas nos crimes contra a ordem tributária, os Trabalhistas precisam dos Criminalistas quando pretendem fazer ocorrência por falso testemunho ou falsa perícia, os Criminalistas precisam dos Civilistas quando querem alegar que o fato é atípico por ser mero ilícito civil... e por aí vai.

2.4 O que significa um milhão de Advogados no Brasil?

Recentemente foi realizada a primeira prova da OAB após passarmos de um milhão de Advogados no Brasil.

O que isso significa? NADA!

Enquanto tivermos cerca de 99% de generalistas ou clínicos gerais (percentual que eu imagino), haverá espaço para Advogados especializados, ou seja, aqueles que se dedicam apenas a uma área específica do Direito, como os Tributaristas, Civilistas, Criminalistas, Previdenciaristas etc. Nos problemas mais complexos, os clientes querem esse tipo de profissional.

Se, futuramente, tivermos 100% de Advogados

especializados, ocorrerá apenas uma segmentação de mercado.

Cada advogado ocupará o seu espaço de acordo com a sua área de atuação e seu público-alvo, de modo que o crescimento da quantidade de novos Advogados não impactará negativamente a sua carreira profissional.

Portanto, em qualquer uma das duas situações, a Advocacia continuará forte e exigirá qualificação.

Com 1% ou 100% de especialistas, a Advocacia especializada e artesanal sempre continuará aceitando de braços abertos os novos Advogados.

EVINIS TALON

3 LEIS E PROJETOS: UMA ANÁLISE CRÍTICA

3.1 A corrupção no Código Penal

Popularmente, a palavra "corrupção" é normalmente utilizada para designar atos de apropriação ou desvios dos cofres públicos. Fala-se que alguém é corrupto por utilizar-se da esfera pública para se enriquecer. Entretanto, o sentido penal da palavra "corrupção", que aparece sete vezes no Código Penal, é outro.

Encontra-se previsto no art. 218 do Código Penal o crime de corrupção de menores, que tipifica a conduta de induzir alguém menor de 14 anos a satisfazer a lascívia de outrem. Trata-se de previsão do termo "corrupção" em sentido distinto daquele conhecido pelos leigos.

O art. 271 do Código Penal estabelece o crime de corrupção ou poluição de água potável. Esse crime prevê a conduta de corromper ou poluir água potável, de uso comum ou particular, tornando-a imprópria para consumo ou nociva à saúde.

Os arts. 272 e 273 do Código Penal preveem, respectivamente, os crimes de falsificação, corrupção, adulteração ou alteração de substância ou produtos alimentícios, assim como de produto destinado a fins terapêuticos ou medicinais.

Apenas as 3 últimas previsões do termo "corrupção" no Código Penal se aproximam daquele vulgarmente conhecido, quais sejam:

– **Corrupção passiva**

> Art. 317 – Solicitar ou receber, para si ou para outrem, direta ou indiretamente, ainda que fora da função ou antes de assumi-la, mas em razão dela, vantagem indevida, ou aceitar promessa de tal vantagem:
> Pena – reclusão, de 2 a 12 anos, e multa.

Nota-se que a corrupção passiva é popularmente conhecida como o pedido ou recebimento de propina. Veja: o tipo penal utiliza a expressão "solicitar", que significa pedir. Se há exigência, há crime de concussão (art. 316 do Código Penal).

A mera solicitação da vantagem indevida consuma o crime de corrupção passiva, não sendo necessário que o funcionário pratique ou deixe de praticar algum ato. Se o fizer, a pena é aumentada de um terço.

– **Corrupção ativa**

> Art. 333 – Oferecer ou prometer vantagem indevida a funcionário público, para determiná-

lo a praticar, omitir ou retardar ato de ofício:
Pena – reclusão, de 2 a 12 anos, e multa.

Enquanto a corrupção passiva consiste na conduta praticada pelo funcionário público que solicita ou recebe a vantagem indevida ("propina"), a corrupção ativa é praticada por aquele que oferece ou promete vantagem indevida a funcionário público.

Algumas observações são necessárias:

• A corrupção passiva não é praticada apenas por particulares. Um servidor público que oferece a outro servidor público uma vantagem indevida praticará o crime de corrupção ativa. Ex.: Juiz que oferece propina a guarda de trânsito.

• Pagar propina não é crime. O tipo penal prevê apenas "oferecer ou prometer vantagem indevida". Assim, se um funcionário público solicita a vantagem indevida e o outro indivíduo paga, aquele responderá por corrupção passiva, mas a conduta deste é atípica, haja vista não ter oferecido ou prometido vantagem.

– **Corrupção ativa em transação comercial internacional**

Art. 337-B – Prometer, oferecer ou dar, direta ou indiretamente, vantagem indevida a funcionário público estrangeiro, ou a terceira

pessoa, para determiná-lo a praticar, omitir ou retardar ato de ofício relacionado à transação comercial internacional:
Pena – reclusão, de 1 a 8 anos, e multa.

Trata-se de uma figura típica especial em relação ao crime do art. 333 do Código Penal, porquanto, no tipo do art. 337-B, o ato do funcionário público é relacionado à transação comercial internacional.

Insta salientar que, além dos verbos "oferecer" e "prometer", também presentes no art. 333, o crime de corrupção ativa em transação comercial internacional adiciona o verbo "dar". Destarte, esse crime tipifica a conduta de quem dá a vantagem indevida, ou seja, aquele que efetua o pagamento da "propina" a pedido do funcionário público estrangeiro, independentemente de ter oferecido a vantagem anteriormente.

3.2 Comentários à Lei nº 13.344/16 (tráfico de pessoas)

Foi publicada no dia 7 de outubro de 2016 a Lei nº 13.344/16, que trata dos crimes de tráfico interno e internacional de pessoas.

Além de questões gerais e propedêuticas (princípios, forma de prevenção etc.), essa lei também tem importantes dispositivos penais e processuais.

Logo no art. 1º, a sobredita Lei estabelece a sua aplicação para o tráfico de pessoas cometido no território nacional contra vítima brasileira ou estrangeira e no exterior contra vítima brasileira. Portanto, não dispõe ser aplicável ao tráfico de pessoas cometido no exterior contra vítima estrangeira.

Outro ponto interessante e com enorme efeito prático está no art. 3º, VIII, quando aponta como diretriz do enfrentamento ao tráfico de pessoas a preservação do sigilo dos procedimentos administrativos e judiciais, nos termos da lei.

Em seu art. 5º, esse diploma legal prevê que a repressão ao tráfico de pessoas ocorrerá por meio da cooperação entre órgãos do sistema de justiça e segurança, nacionais e estrangeiros; da integração de políticas e ações de repressão aos crimes correlatos e da responsabilização dos seus autores; e da formação de equipes conjuntas de investigação.

Um dos aspectos mais significativos da nova Lei é a previsão no seu art. 6º de várias formas de proteção e atendimento, de forma semelhante à Lei Maria da Penha. Destaca-se, por exemplo, o atendimento humanizado, assim como as várias formas de assistência (jurídica, social, de trabalho e emprego e de saúde).

No que concerne às disposições processuais alteradas pela nova Lei, o art. 8º possibilita que o Juiz, inclusive de ofício, determine medidas assecuratórias relacionadas a bens, direitos ou valores pertencentes ao investigado ou acusado, que sejam instrumento, produto ou proveito do crime de tráfico de pessoas.

Da mesma forma, a referida Lei acresce ao Código de Processo Penal os arts. 13-A e 13-B, que permitem, em linhas gerais, que o Ministério Público e o Delegado de Polícia requisitem dados e informações cadastrais da vítima ou de suspeitos. Nessa linha, o art. 13-B do Código de Processo Penal, inovação desta Lei, possibilita que o membro do Ministério Público ou o Delegado de Polícia requisitem, mediante autorização judicial, às empresas prestadoras de serviço de telecomunicações e/ou telemática que disponibilizem imediatamente os meios técnicos adequados que permitam a localização da vítima ou dos suspeitos do delito em curso.

No aspecto da execução penal, essa Lei altera o art. 83, V, do Código Penal, para exigir do condenado pelo crime de tráfico de pessoas o cumprimento de 2/3 da pena para que possa obter o livramento condicional. Assim, o tráfico de pessoas, sem ser um crime hediondo ou equiparado a hediondo, passa a exigir essa fração superior, da mesma forma que os crimes hediondos, de tráfico de drogas, de terrorismo e de tortura.

Por derradeiro, a mencionada Lei acresce ao Código Penal o tipo penal previsto no art. 149-A, "in verbis":

> Art. 149-A. Agenciar, aliciar, recrutar, transportar, transferir, comprar, alojar ou acolher pessoa, mediante grave ameaça, violência, coação, fraude ou abuso, com a finalidade de:
> I – remover-lhe órgãos, tecidos ou partes do corpo;
> II – submetê-la a trabalho em condições análogas à de escravo;
> III – submetê-la a qualquer tipo de servidão;
> IV – adoção ilegal; ou
> V – exploração sexual.
> Pena – reclusão, de 4 (quatro) a 8 (oito) anos, e multa.
> § 1º A pena é aumentada de um terço até a metade se:
> I – o crime for cometido por funcionário público no exercício de suas funções ou a pretexto de exercê-las;
> II – o crime for cometido contra criança, adolescente ou pessoa idosa ou com deficiência;
> III – o agente se prevalecer de relações de parentesco, domésticas, de coabitação, de hospitalidade, de dependência econômica, de autoridade ou de superioridade hierárquica inerente ao exercício de emprego, cargo ou função; ou
> IV – a vítima do tráfico de pessoas for retirada do território nacional.
> § 2º A pena é reduzida de um a dois terços se o agente for primário e não integrar organização criminosa.

Algumas observações sobre esse tipo penal:

– O "caput" do art. 149-A do Código Penal prevê oito núcleos (agenciar, aliciar, recrutar, transportar, transferir, comprar, alojar ou acolher), sendo um tipo misto alternativo, o que significa que a prática de qualquer um desses verbos configura crime, de modo que, se praticados dois ou mais verbos no mesmo contexto fático, haverá crime único.

– Os cinco incisos previstos no art. 149-A são elementos do tipo penal, tratando-se de finalidade especial ou dolo específico. Portanto, somente haverá consumação do crime de tráfico de pessoas se o agente tiver alguma das finalidades legalmente previstas, independentemente de conseguir concretizá-las.

– As formas de execução do crime de tráfico de pessoas são taxativas, quais sejam: grave ameaça, violência, coação, fraude ou abuso.

Por fim, os arts. 231 e 231-A do Código Penal, que preveem, respectivamente, os crimes de tráfico internacional e interno de pessoa para o fim de exploração sexual, foram revogados pela nova Lei.

Impende asseverar que o art. 231, §2º, IV, bem como o art. 231-A, §2º, IV, ambos do Código Penal, previam como causas de aumento de pena o emprego de violência, a grave ameaça e a fraude, que, como destacado anteriormente, passam a ser elementos do tipo penal de tráfico de pessoas. Em outras palavras, esses três meios de execução, que antes eram causas de aumento, passaram a integrar o próprio tipo penal.

Destarte, houve um enfraquecimento punitivo, haja vista que, se as condutas descritas no art. 149-A do Código Penal não forem executadas mediante uma das formas previstas no tipo penal (grave ameaça, violência, coação, fraude ou abuso), o fato será atípico.

Se houve um enfraquecimento no que tange à tipicidade, o contrário ocorreu em relação ao preceito secundário (pena). Na sua modalidade simples e sem considerar as causas de aumento de pena, o tráfico internacional previsto no art. 231 do Código Penal cominava uma pena de 3 a 8 anos de reclusão, enquanto o tráfico interno (art. 231-A) estabelecia uma pena de 2 a 6 anos de reclusão. O tráfico de pessoas, que agora ocupa o art. 149-A do Código Penal, prevê pena de 4 a 8 anos de reclusão.

Uma curiosidade sobre o novo tipo penal é a opção do legislador de não o incluir no rol de crimes hediondos, o que ensejaria inúmeros efeitos, como a alteração da fração para progressão de regime e a prioridade de tramitação. A opção legislativa restringiu-se a aplicar ao tráfico de pessoas a exigência do cumprimento de 2/3 da pena para o livramento condicional.

3.3 Crime de desordem social?

O PL 8006/2010, de autoria do Deputado Federal Jair Bolsonaro, pretende, entre outras alterações na legislação penal, tipificar como crime a "desordem social", que incluiria o art. 285-A no Código Penal, com a seguinte redação:

> Desordem Social
> Art. 285-A. Destruir, inutilizar ou deteriorar bem público ou privado, ou praticar qualquer outro crime ou ato violento, com o fim de alterar gravemente a paz pública, de atemorizar a coletividade ou determinado grupo de pessoas, de provocar descrença nas autoridades públicas legalmente constituídas ou constrangê-las a praticar, deixar de praticar ou tolerar que se pratique algum ato.
> Pena. Reclusão, de 5 (cinco) a 10 (dez) anos, e multa, se o fato não constitui crime ainda mais grave.

Esse projeto já havia recebido parecer desfavorável por "inconstitucionalidade, injuridicidade, má técnica legislativa e, no mérito, pela rejeição", tendo sido arquivado pela Mesa da Câmara dos Deputados. Contudo, recentemente foi desarquivado e, agora, aguarda a designação de novo relator na Comissão de Constituição e Justiça e de Cidadania (CCJC).

Em que pese dificilmente seja aprovado, cabe ressaltar que o projeto é criticável, inclusive pela redação aberta e por estabelecer uma desproporcionalidade entre conduta e pena.

Especificamente sobre a tipificação da "desordem

social", há evidente desproporcionalidade na pena, que, pelo projeto, seria de 5 a 10 anos de reclusão para esse crime que envolve destruição de patrimônio em razão de uma das finalidades especiais dispostas no tipo penal. Lembra-se, por exemplo, de que o roubo simples, que envolve grave ameaça ou violência a pessoa, tem pena de 4 a 10 anos de reclusão.

Outro ponto criticável é a finalidade "provocar descrença nas autoridades públicas", o que, no atual momento, já ocorre independentemente das condutas descritas no tipo penal. Aliás, o desacato, forma de ofensa às autoridades públicas, já vem sendo considerado inconvencional. O que dizer da mera finalidade de gerar uma descrença nas autoridades?

3.4 Oito condutas "estranhas" que são crime no Brasil

A nossa legislação penal é muito extensa. Em razão disso, há crimes desconhecidos ou pouco intuitivos, assim como crimes de tipificação estranha ou distinta dos crimes habitualmente tratados nos bancos das faculdades e nos noticiários.

Selecionei oito crimes que apresentam uma tipificação estranha, cada um com a sua peculiaridade. Enquanto alguns desses crimes contrariam ditados populares, outros contrariam tradições ou a própria lógica penal. É uma lista subjetiva e não exaustiva, ou seja, trata-se apenas da minha opinião, não excluindo outros crimes igualmente "estranhos" ou, por algum motivo, curiosos.

1. Apropriação de coisa achada

> Art. 169 do Código Penal – Apropriar-se alguém de coisa alheia vinda ao seu poder por erro, caso fortuito ou força da natureza:
> Pena – detenção, de um mês a um ano, ou multa.
> Parágrafo único – Na mesma pena incorre:
> (...)
> II – quem acha coisa alheia perdida e dela se apropria, total ou parcialmente, deixando de restituí-la ao dono ou legítimo possuidor ou de entregá-la à autoridade competente, dentro no prazo de quinze dias.

COMENTÁRIO: sabe aquele ditado que diz "achado não é roubado"? Ele está certo e errado. Realmente, quem acha algo de outra pessoa não está cometendo um crime de roubo, mas poderá estar praticando a apropriação de coisa achada, que também é crime.

2. Supressão ou alteração de marca em animais

> Art. 162 do Código Penal – Suprimir ou alterar, indevidamente, em gado ou rebanho alheio, marca ou sinal indicativo de propriedade:
> Pena – detenção, de seis meses a três anos, e multa.

COMENTÁRIO: veja bem a conduta descrita. Não se trata do furto de animais, tampouco a alteração da marca para transferir a posse ou a propriedade. Consiste meramente na conduta de suprimir (apagar) ou alterar a marca ou o sinal que indica a propriedade do gado, sem movimentá-lo de um local para o outro.

3. Introdução ou abandono de animais em propriedade alheia

> Art. 164 do Código Penal – Introduzir ou deixar animais em propriedade alheia, sem consentimento de quem de direito, desde que o fato resulte prejuízo:
> Pena – detenção, de quinze dias a seis meses, ou multa.

COMENTÁRIO: esse tipo penal abrange a conduta daquele que deixa animais pastando ou eventualmente destruindo a propriedade de outrem. Somente há a consumação desse crime se houver prejuízo.

4. Outras fraudes – refeição, alojamento ou transporte sem ter recursos para o pagamento

> Art. 176 do Código Penal – Tomar refeição em restaurante, alojar-se em hotel ou utilizar-se de meio de transporte sem dispor de recursos para efetuar o pagamento:

55

> Pena – detenção, de quinze dias a dois meses, ou multa.
> Parágrafo único – Somente se procede mediante representação, e o juiz pode, conforme as circunstâncias, deixar de aplicar a pena.

COMENTÁRIO: perceba que o tipo penal menciona somente três situações, quais sejam, refeição em restaurante, alojamento em hotel e utilização de meio de transporte. Se alguém abastece o veículo sem ter como pagar pelo combustível, por exemplo, não se configura esse crime.

Esse tipo penal se relaciona com a tradição do "Dia do pendura", comemorado no dia 11 de agosto, em que estudantes de Direito fazem refeições e não pagam, em virtude da comemoração do aniversário da criação dos primeiros cursos de Direito no país e em razão do dia do Advogado, comemorado na mesma data.

5. Soltar balões

> Art. 42 da Lei nº 9.605/98. Fabricar, vender, transportar ou soltar balões que possam provocar incêndios nas florestas e demais formas de vegetação, em áreas urbanas ou qualquer tipo de assentamento humano:
> Pena – detenção de um a três anos ou multa, ou ambas as penas cumulativamente.

COMENTÁRIO: tradicionalmente, muitas pessoas soltam balões na época de festa junina. Contudo, é crime contra a flora, previsto na Lei de Crimes Ambientais.

6. Dano culposo de plantas de ornamentação

> Art. 49 da Lei nº 9.605/98. Destruir, danificar, lesar ou maltratar, por qualquer modo ou meio, plantas de ornamentação de logradouros públicos ou em propriedade privada alheia:
> Pena – detenção, de três meses a um ano, ou multa, ou ambas as penas cumulativamente.
> Parágrafo único. No crime culposo, a pena é de um a seis meses, ou multa.

COMENTÁRIO: o estranho dessa tipificação é que o Código Penal, no seu art. 163, prevê o crime de dano, mas não tipifica a forma culposa.

Por outro lado, a Lei de Crimes Ambientais prevê esse crime de dano, inclusive culposo, quando a destruição se refere a plantas de ornamentação, abrangendo tanto as de logradouros públicos, quanto as de propriedade privada alheia.

7. Anúncio ou apelo público de doação de órgão para pessoa determinada, em desacordo com a legislação (Lei 9.434/97)

> Art. 11. É proibida a veiculação, através de qualquer meio de comunicação social de anúncio que configure:
> a) publicidade de estabelecimentos autorizados a realizar transplantes e enxertos, relativa a estas atividades;
> b) apelo público no sentido da doação de

> tecido, órgão ou parte do corpo humano para pessoa determinada identificada ou não, ressalvado o disposto no parágrafo único;
> c) apelo público para a arrecadação de fundos para o financiamento de transplante ou enxerto em benefício de particulares.
> Art. 20. Publicar anúncio ou apelo público em desacordo com o disposto no art. 11:
> Pena – multa, de 100 a 200 dias-multa.

COMENTÁRIO: trato desta figura típica apenas por estar inserida na Seção I (Dos Crimes) da Lei que trata da remoção de órgãos. Contudo, não seria tecnicamente um crime, diante da previsão somente de pena de multa, sem pena de reclusão ou detenção.

Analisando atentamente, percebe-se que quem veicula apelo público para que seja doado um órgão a uma pessoa determinada, identificada ou não, pratica essa figura típica, salvo em caso de veiculação de estímulo à doação de tecido, órgãos ou parte de corpo humano feita pelos próprios órgãos de saúde, nos termos do parágrafo único do art. 11.

8. Adulteração de sinal identificador de veículo automotor

> Art. 311 do Código Penal – Adulterar ou remarcar número de chassi ou qualquer sinal identificador de veículo automotor, de seu componente ou equipamento:
> Pena – reclusão, de três a seis anos, e multa.

COMENTÁRIO: há inúmeras decisões do Superior Tribunal de Justiça (STJ) sobre esse crime.

Assim, o STJ já entendeu que, se alguém pinta a placa do veículo para que este fique identificado como táxi, incidirá nas penas do art. 311 do Código Penal (STJ, Quinta Turma, AgRg no AREsp 582982/RJ).

O STJ também tem inúmeras decisões afirmando que, se o agente cola fita adesiva (fita isolante preta) na placa, alterando o número ou a letra de identificação, configura-se o crime em comento (STJ, Quinta Turma, AgRg no REsp 1451060/SP).

Entrementes, o mais assustador é a pena desse crime: 3 a 6 anos de reclusão. A título de comparação, a pena mínima desse crime é maior do que a sanção mínima dos crimes de furto qualificado e lesão corporal gravíssima.

3.5 Como é executada a pena de morte no Brasil?

O art. 5º, XLVII, "a", da Constituição Federal afirma que não haverá pena de morte, salvo em caso de guerra declarada. Assim, como regra, o Brasil não admite a pena de morte. Excepcionalmente, admite-se a pena capital, mas apenas em caso de guerra declarada.

Ao contrário do que se imagina, essa pena não é a morte ocasionada pela guerra em si, ou seja, em razão do combate. A morte que ocorre em combate não é uma pena, porquanto inexiste processo judicial e sentença condenatória com trânsito em julgado, obviamente. Trata-se, por parte do militar, de legítima defesa própria ou de terceiro, enquanto alguns consideram estrito cumprimento de dever legal, o que seria criticável, pois ninguém tem o dever jurídico de matar. Há, ainda, quem considere tratar-se de estado de necessidade, porque não haveria uma agressão injusta, mas sim uma situação de perigo. De qualquer forma, a morte durante a guerra não é a "pena de morte".

No Brasil, a pena de morte é prevista como uma das penas principais no art. 55, "a", do Código Penal Militar (CPM). Por sua vez, o art. 56 do CPM estabelece: "a pena de morte é executada por fuzilamento".

O procedimento de execução da pena de morte encontra-se previsto nos arts. 707 e seguintes do Código de Processo Penal Militar, "in verbis":

> Execução da pena de morte
> Art. 707. O militar que tiver de ser fuzilado sairá da prisão com uniforme comum e sem insígnias, e terá os olhos vendados, salvo se o recusar, no momento em que tiver de receber as descargas. As vozes de fogo serão substituídas por sinais.
> § 1º O civil ou assemelhado será executado nas

mesmas condições, devendo deixar a prisão decentemente vestido.
Socorro espiritual
§2º Será permitido ao condenado receber socorro espiritual.
Data para a execução
§3º A pena de morte só será executada sete dias após a comunicação ao presidente da República, salvo se imposta em zona de operações de guerra e o exigir o interêsse da ordem e da disciplina.
Lavratura de ata
Art. 708. Da execução da pena de morte lavrar-se-á ata circunstanciada que, assinada pelo executor e duas testemunhas, será remetida ao comandante-chefe, para ser publicada em boletim.

Assim, a execução da pena de morte no Brasil ocorre por meio de fuzilamento. Como regra, seus olhos serão vendados, mas o executado poderá recusar as vendas. Essa forma de execução se aplica tanto ao militar quanto ao civil, desde que pratiquem algum dos crimes previstos no Código Penal Militar a que seja cominada pena de morte.

Ademais, não há grito de fogo, mas sim um sinal para que sejam efetuados os disparos.

EVINIS TALON

4 ANÁLISE DA JURISPRUDÊNCIA DO STF

4.1 O porte de munição e o princípio da insignificância

A Primeira Turma do Supremo Tribunal Federal (STF) decidiu, no dia 18.10.2016, no Habeas Corpus nº 131771, de relatoria do Min. Marco Aurélio, que a configuração do crime de porte ilegal de munição, previsto no art. 14, "caput", da Lei nº 10.826/03 (Estatuto do Desarmamento), não depende do tipo ou da quantidade de munição portada pelo agente.

Com esse entendimento, afastou a incidência do princípio da insignificância no crime de porte ilegal de munição, considerando materialmente típica a conduta.

Algumas críticas devem ser feitas.

Por meio dessa decisão, afirma-se que alguém, mesmo se portar apenas um projétil de arma de fogo, deverá responder criminalmente pelo crime do art. 14 do Estatuto do Desarmamento, com possibilidade de sofrer uma pena de 2 a 4 anos de reclusão. Aliás, não caberia a suspensão condicional do processo.

Por outro lado, quem possuir irregularmente uma arma de fogo de uso permitido (art. 12 do Estatuto do Desarmamento) no interior de sua residência ou no local de trabalhado poderá sofrer uma pena de 1 a 3 anos de detenção, o que significa que o início da execução da pena seria, no máximo, no regime semiaberto (salvo posterior regressão) e ainda haveria a possibilidade de oferecimento da suspensão condicional do processo, se preenchidos os outros requisitos desse instituto.

Em suma, por não considerar a aplicação do princípio da insignificância no crime de porte de munição, o STF criou uma situação em que um indivíduo pode receber uma pena maior por ter um projétil, sem a respectiva arma de fogo, do que teria em caso de posse de arma de fogo de uso permitido carregada. Neste caso, caberia a suspensão condicional do processo, enquanto naquele seria incabível.

Além da desproporcionalidade, há uma incontestável ausência de lesividade, haja vista que um projétil de arma de fogo, sem a correspondente arma, não produziria nenhum dano ou risco.

Entrementes, o entendimento do STF foi diverso...

4.2 As consequências do crime e os custos da atuação estatal

No dia 26 de outubro de 2016, a Segunda Turma do STF, no HC nº 134193/GO, de relatoria do Min. Dias Toffoli, decidiu não ser cabível, na primeira fase da dosimetria da pena, valorar negativamente a circunstância "consequências do crime" em razão dos elevados custos da atuação estatal para a apuração da conduta criminosa e do enriquecimento ilícito obtido pelo agente.

Trata-se de decisão simples e com fundamentos claros. O entendimento do STF é no sentido de que a expressão "consequências do crime" (art. 59 do CP) se refere ao dano decorrente da conduta praticada pelo agente, não tendo relação com as despesas – ainda que excessivas – dos órgãos estatais com a persecução criminal.

Especificamente sobre as consequências do crime, o STJ já decidiu que essa circunstância não pode ser fundamentada de modo vago, como, por exemplo, afirmando-se que as consequências foram gravosas para a família da vítima do homicídio (STJ, AgRg no AREsp 721441/PA).

Da mesma forma, o STJ tem decisão afirmando não ser possível aumentar a pena-base em razão das consequências do crime ao fundamento de que "o crime de tráfico de drogas contribui, de forma direta, com o incremento da criminalidade em geral" (STJ, HC 362253/RS).

Por derradeiro, também há decisão do STJ afirmando ser incabível a valoração negativa das consequências do crime quando estas são próprias do crime praticado, como, por exemplo, no crime de roubo, em que o prejuízo da vítima e o fato de o bem não ter sido recuperado são decorrências normais desse crime de natureza patrimonial (STJ, HC 367183/MG).

4.3 Dezesseis teses do STF sobre o princípio da insignificância

O princípio da insignificância é uma das teses mais utilizadas na defesa penal, em que pese não haja previsão desse princípio no Código Penal.

Por ser uma construção exclusivamente doutrinária e jurisprudencial, há situações em que a aplicação ou não do princípio da insignificância permanece numa zona cinzenta.

Lembro-me, por exemplo, de um caso em que, para o juízo de 1º grau, o furto de balas e um pacote de salgadinhos, com o valor total de R$14,00, era considerado típico e, inclusive, fundamentava a PRISÃO PREVENTIVA! Posteriormente, após a impetração de habeas corpus, o Tribunal de Justiça do Rio Grande do Sul considerou que a prisão era ilegal e o fato era atípico em virtude do princípio da insignificância. Perceba a diferença gritante entre as duas posições adotadas.

Para auxiliar os colegas Criminalistas que atuam na defesa, acusação ou julgamento de casos que envolvam o princípio da insignificância, bem como os estudantes de Direito e candidatos de concursos públicos, organizei dezesseis entendimentos recentes do Supremo Tribunal Federal (STF) sobre esse tema.

1. O delito de descaminho reiterado e figuras assemelhadas impede o reconhecimento do princípio da insignificância, ainda que o valor apurado esteja dentro dos limites fixados pela jurisprudência pacífica desta Corte para fins de reconhecimento da atipicidade (HC 122348 AgR, Relator: Min. Luiz Fux, Primeira Turma, julgado em 09/11/2016).

2. O elevado grau de reprovabilidade de conduta criminosa praticada por militar no interior de organização militar impede a aplicação do princípio da insignificância (HC 135674, Relator: Min. Ricardo Lewandowski, Segunda Turma, julgado em 27/09/2016).

3. Descabe cogitar da insignificância do ato praticado uma vez imputado o crime de circulação de moeda falsa (HC 126285, Relator: Min. Marco Aurélio, Primeira Turma, julgado em 13/09/2016).

4. O princípio da insignificância não incide na hipótese de contrabando de cigarros, tendo em vista que, além do valor material, os bens jurídicos que o ordenamento jurídico busca tutelar são os valores éticos-jurídicos e a saúde pública (HC

129382 AgR, Relator: Min. Luiz Fux, Primeira Turma, julgado em 23/08/2016).

5. A habitualidade delitiva revela reprovabilidade suficiente a afastar a aplicação do princípio da insignificância (ressalva de entendimento da Relatora) (HC 133956 AgR, Relatora: Min. Rosa Weber, Primeira Turma, julgado em 21/06/2016).

6. Excepcionalmente, adotou-se o princípio da insignificância ao delito de porte de munição de uso restrito, tipificado no art. 16 da Lei n. 10.826/2003 (HC 133984, Relatora: Min. Cármen Lúcia, Segunda Turma, julgado em 17/05/2016).

7. Não se pode aplicar o princípio da insignificância a crime com violência contra a mulher (RHC 133043, Relatora: Min. Cármen Lúcia, Segunda Turma, julgado em 10/05/2016).

8. Descabe, em se tratando de bem protegido a partir do interesse público, como é o seguro-desemprego, cogitar da insignificância da prática delituosa do estelionato, presente o valor envolvido (HC 108352, Relator: Min. Marco Aurélio, Primeira Turma, julgado em 10/11/2015).

9. O princípio da insignificância é inaplicável para o crime militar de posse de substância entorpecente (ARE 918616 AgR, Relator: Min. Gilmar Mendes, Segunda Turma, julgado em 03/11/2015).

10. O caso envolve a prática do crime de contrabando de veículo usado, comportamento dotado de intenso grau de reprovabilidade, dados os bens jurídicos envolvidos, o que impede a aplicação do princípio da insignificância (HC 114315, Relator: Min. Teori Zavascki, Segunda Turma, julgado em 15/09/2015).

11. Furto (artigo 155, § 4º, inciso IV, do CP). Bens de pequeno valor (sucata de peças automotivas, avaliadas em R$4,00). Condenação à pena de 2 anos e 4 meses de reclusão. Registro de antecedentes criminais (homicídio). Ausência de vínculo entre as infrações. Não caracterização da reincidência específica. 4. Aplicação do princípio da bagatela. Possibilidade (HC 126866, Relator: Min. Gilmar Mendes, Segunda Turma, julgado em 02/06/2015).

Obs.: esta decisão demonstra que, não havendo vínculo entre o fato ao qual se pretende aplicar o princípio da insignificância e o fato delituoso anterior, é possível o reconhecimento da atipicidade.

12. A informação incontroversa de que os pacientes são infratores contumazes e com personalidade voltada à prática delitiva obsta a aplicação do princípio da insignificância, na linha da pacífica jurisprudência contemporânea da Corte (HC 127795 AgR, Relator: Min. Dias Toffoli, Segunda Turma, julgado em 26/05/2015).

13. No crime de descaminho, o Supremo Tribunal Federal tem considerado, para a avaliação da insignificância, o patamar de R$20.000,00 previsto no art. 20 da Lei nº 10.522/02, atualizado pelas Portarias nº 75 e nº 130/12 do Ministério da Fazenda (HC 126191, Relator: Min. Dias Toffoli, Primeira Turma, julgado em 03/03/2015).

14. Não tem pertinência o princípio da insignificância em crime de furto qualificado cometido mediante rompimento de obstáculo (HC 121760, Relator: Min. Rosa Weber, Primeira Turma, julgado em 14/10/2014).

15. A subtração de munições de uso restrito, de propriedade das Forças Armadas, não permite a aplicação do princípio da insignificância penal (HC 108168, Relator: Min. Roberto Barroso, Primeira Turma, julgado em 19/08/2014).

16. "Serviço de Rádio Cidadão". Exploração clandestina de atividade de telecomunicações. Aplicação do princípio da insignificância. Impossibilidade. Periculosidade social da ação (HC 122535, Relator: Min. Gilmar Mendes, Segunda Turma, julgado em 12/08/2014).

Obs.: há decisões do STF em que, diante das peculiaridades do caso concreto, é aplicado o princípio da insignificância ao tipo penal supracitado.

Deixo, por fim, uma crítica: por que a

habitualidade/reiteração delitiva impede a aplicação do princípio da insignificância? Se o princípio da insignificância é causa de exclusão da tipicidade DO FATO, por que considerar não apenas o fato, mas também a vida regressa do agente em sua totalidade?

Trata-se de um equívoco (ou seria atecnia?) ainda não superado por alguns julgadores, que, infelizmente, aplicam o Direito Penal do autor em detrimento do Direito Penal do fato. Nesses casos, entendem, de forma equivocada, pela inaplicabilidade do princípio da insignificância a um fato em razão de anteriores práticas delituosas do agente, como se para aferir a tipicidade (subsunção entre o fato e o tipo penal) de um crime fosse necessária uma análise de todos os outros fatos da vida do agente.

EVINIS TALON

5 ANÁLISE DA JURISPRUDÊNCIA DO STJ

5.1 Dois dentes = lesão grave

No dia 13/09/2016, a Sexta Turma do Superior Tribunal de Justiça (STJ) decidiu, no REsp 1.620.158-RJ, de relatoria do Min. Rogerio Schietti Cruz, que a lesão corporal que provoca na vítima a perda de dois dentes tem natureza grave (art. 129, § 1º, III, do Código Penal), e não gravíssima (art. 129, § 2º, IV, do Código Penal).

O ponto de análise dessa decisão consistia em avaliar se a lesão que provoca a perda de dois dentes é uma deformidade permanente (lesão corporal gravíssima – art. 129, §2º, IV, do Código Penal) ou uma debilidade permanente (lesão corporal grave – art. 129, §1º, III, do Código Penal). Noutros termos, há deformidade ou debilidade? Trata-se de uma interpretação importante, considerando que a pena da lesão corporal grave é de 1 a 5 anos de reclusão (admite suspensão condicional do processo, se preenchidos os outros requisitos), enquanto a de lesão corporal gravíssima é de 2 a 8 anos.

De acordo com o STJ, a perda de dois dentes pode reduzir a capacidade mastigatória e, eventualmente, produzir um dano estético. Contudo, o referido dano estético não é tão significativo para qualificar a vítima como uma pessoa deformada.

De qualquer modo, saliento que, ocorrendo a perda de dois ou mais dentes por meio de uma lesão corporal, não necessariamente haverá debilidade permanente, o que dependerá da comprovação da redução da capacidade mastigatória, ônus probatório exclusivo da acusação. Caso não se comprove essa redução, haverá crime de lesão corporal leve, hipótese em que a ação penal dependerá de representação e serão cabíveis a transação penal e a suspensão condicional do processo.

5.2 Arrependimento posterior e homicídio culposo na direção de veículo

Recentemente, a Sexta Turma do STJ, no REsp 1.561.276-BA, de relatoria do Min. Sebastião Reis Júnior, decidiu que o arrependimento posterior (art. 16 do Código Penal) é inaplicável ao homicídio culposo na direção de veículo automotor (art. 302 do Código de Trânsito Brasileiro), mesmo se realizada a composição civil entre o autor do fato e a família da vítima.

Os Ministros entenderam que o arrependimento posterior,

causa de diminuição de pena, pressupõe que o crime praticado seja patrimonial ou possua efeitos patrimoniais. Considerando que o crime do art. 302 do CTB tem como bem jurídico a vida, não haveria de se falar em efeitos patrimoniais, tornando inviável a aplicação do arrependimento posterior.

Da mesma forma, consideraram que o bem jurídico vida não é passível de reparação de dano, além do fato de que a vítima do crime não se beneficiaria da composição realizada entre sua família e o autor do fato.

No que concerne às críticas, deve-se destacar que a violência mencionada no art. 16 do Código Penal, segundo consolidado entendimento doutrinário, é apenas a dolosa. Assim, o fato de ocorrer violência culposa, como no caso do homicídio culposo, não inviabilizaria, por si só, a aplicação do arrependimento posterior.

Restaria, portanto, a discussão sobre a expressão "reparado o dano" (art. 16 do CP), que, segundo essa decisão do STJ, é impossível de ocorrer no homicídio culposo na direção de veículo automotor.

5.3 A delação premiada e o questionamento por terceiro

No dia 25 de outubro de 2016, a Quinta Turma do STJ,

no julgamento do RHC nº 69988, entendeu que o acordo de delação premiada não pode ser questionado por quem não seja parte. Dessa forma, os corréus, como delatados, não podem impugnar o acordo de colaboração premiada, ainda que pretendam questionar a incompetência absoluta do juízo que homologou a delação, como no caso julgado.

Essa decisão é interessante e nada tem a ver com a Operação Lava-Jato. Na verdade, as partes são integrantes da cúpula da PM/RJ.

Desconsiderando as questões sobre a Justiça Militar, que não foram apreciadas pelo STJ, foram utilizados os seguintes fundamentos:

- Somente as partes do acordo de delação podem questioná-lo, pois é meio de obtenção de provas, e não efetiva prova.
- O acordo tem natureza de negócio jurídico processual personalíssimo, sendo inviável que terceiros questionem sua validade.
- Não há interferência na esfera jurídica de terceiros, ainda que referidos no relato da colaboração.

Entendo ser criticável esse entendimento do STJ. Em que pese o acordo de delação premiada traga benefícios ou prejuízos para o delator – a depender da confirmação dos fatos narrados -, há inevitável prejuízo aos delatados, que, não raramente, começam a ser investigados em razão da delação. Assim, é evidente que há interesse no questionamento da validade do acordo, mesmo se considerado como mero meio de obtenção de provas.

5.4 Algumas decisões do STJ sobre o júri

O procedimento do júri é o mais instigante do Processo Penal brasileiro. Quando cursava a faculdade, pensava que o auge de todo Criminalista – já era apaixonado pelo Direito Penal naquela época – era a atuação no plenário do júri. Muitos júris depois, tenho certeza disso.

Entretanto, a atuação no júri envolve inúmeros aspectos, alguns, inclusive, aparentemente contraditórios: espontaneidade, improviso, estratégia...

Conhecer a jurisprudência sobre o procedimento do júri é fundamental para que o Advogado Criminalista saiba, por exemplo, como e quando alegar as nulidades e qual estratégia adotar.

Assim, reuni algumas ementas recentes do STJ sobre o procedimento do júri, marcando em negrito as partes mais relevantes. Não significa que eu concorde com essas decisões...

São elas:

> HABEAS CORPUS SUBSTITUTIVO DE RECURSO. INADEQUAÇÃO DA VIA ELEITA. NÃO CONHECIMENTO. HOMICÍDIO. SENTENÇA DE PRONÚNCIA. NULIDADE. NÃO OCORRÊNCIA. PREJUÍZO. INEXISTÊNCIA. ALEGAÇÕES FINAIS. PRESCINDIBILIDADE. INÉRCIA DA DEFESA, DEVIDAMENTE INTIMADA PARA REALIZAÇÃO DO ATO. ARTIGO 565 DO CPP. HABEAS CORPUS NÃO CONHECIDO.
> [...] 3. **As alegações finais são prescindíveis no procedimento bifásico do Tribunal do Júri**, por encerrar mero juízo provisório acerca da materialidade e autoria delitivas, demonstrando, assim ausência de prejuízo por sua inexistência quando a defesa, devidamente intimada, deixa transcorrer in albis o prazo para a realização do ato processual, como no caso dos autos. Precedentes 4. **A inércia da defesa na apresentação das alegações finais do procedimento do Tribunal do Júri, quando devidamente intimada para tanto, não implica nulidade** pela disposição do artigo 565 do CPP, no sentido de que "nenhuma das partes poderá arguir nulidade a que haja dado causa, ou para que tenha concorrido".
> 5. Habeas corpus não conhecido.
> (HC 366.706/PE, Rel. Ministro REYNALDO SOARES DA FONSECA, QUINTA TURMA, julgado em 04/10/2016, DJe 16/11/2016) [grifei]

> HABEAS CORPUS. PENAL. PROCESSUAL PENAL. HOMICÍDIO QUALIFICADO. ESTELIONATO. JÚRI. DEPOIMENTOS COLHIDOS PELO PARQUET DE FORMA UNILATERAL. PEDIDO DE DESENTRANHAMENTO DOS TERMOS DE DECLARAÇÃO DOS AUTOS. PROVA

TESTEMUNHAL. ORALIDADE E JUDICIALIDADE. MEIO ATÍPICO DE PROVA. VALIDADE RELATIVA. VIOLAÇÃO AOS PRINCÍPIOS DO CONTRADITÓRIO E DA AMPLA DEFESA. BUSCA DA VERDADE PROCESSUALMENTE POSSÍVEL. OITIVA EM JUÍZO. AUSÊNCIA DE REQUERIMENTO DAS PARTES. TESTEMUNHAS DO JUÍZO. ORDEM PARCIALMENTE CONCEDIDA.
1. No Direito Penal brasileiro, a prova oral, por seu caráter judicial e oral, deve ser colhida no processo, perante o juiz competente e sob o crivo do contraditório das partes.
2. Depoimentos prestados fora do âmbito processual podem ingressar nos autos, mas não terão o valor de prova testemunhal em sentido estrito, cabendo ao magistrado aferir-lhes, motivadamente, o peso e a importância em face do conjunto da prova produzida.
[...] 5. Na espécie, **mostra-se suficiente e consentânea ao procedimento do Júri a vedação a que os depoimentos colhidos pelo Parquet sejam utilizados como prova por ocasião do julgamento em plenário, bem assim a menção de seu conteúdo no relatório distribuído ao corpo de jurados, afastado, todavia, o pretendido expurgo de termos de declaração produzidos administrativamente e não confirmados em juízo.**
[...] (HC 148.787/SP, Rel. Ministro ROGERIO SCHIETTI CRUZ, SEXTA TURMA, julgado em 20/10/2016, DJe 14/11/2016) [grifei]

PROCESSUAL PENAL. RECURSO ORDINÁRIO EM HABEAS CORPUS. TRIBUNAL DO JÚRI. PEDIDO DE RECONHECIMENTO DE NULIDADE NA QUESITAÇÃO. PRECLUSÃO DA MATÉRIA. RECURSO NÃO PROVIDO.
1. **Esta Corte já se pronunciou no sentido de**

que eventuais nulidades ocorridas no plenário de julgamento do Tribunal do Júri devem ser arguidas durante a sessão, sob pena de serem fulminadas pela preclusão, nos termos da previsão contida no art. 571, VIII, do Código de Processo Penal.
2. Na hipótese, **a discussão sobre a nulidade do julgamento por ausência de quesito relativo à legitima defesa deveria ter ocorrido durante os debates no Plenário do Tribunal do Júri**. Questão está prejudicada em razão da preclusão.
3. Recurso ordinário não provido.
(RHC 29.007/MG, Rel. Ministro RIBEIRO DANTAS, QUINTA TURMA, julgado em 18/10/2016, DJe 09/11/2016) [grifei]

PROCESSUAL PENAL. HABEAS CORPUS IMPETRADO EM SUBSTITUIÇÃO A RECURSO PRÓPRIO. PEDIDO DE RECONHECIMENTO DE NULIDADE. IMPEDIMENTO DE JURADO. PRECLUSÃO DA MATÉRIA. HABEAS CORPUS NÃO CONHECIDO.
1. Esta Corte e o Supremo Tribunal Federal pacificaram orientação no sentido de que não cabe habeas corpus substitutivo do recurso legalmente previsto para a hipótese, impondo-se o não conhecimento da impetração, salvo quando constatada a existência de flagrante ilegalidade no ato judicial impugnado a justificar a concessão da ordem, de ofício.
2. Esta Corte possui o entendimento harmônico de que eventuais nulidades ocorridas no plenário de julgamento do Tribunal do Júri devem ser arguidas durante a sessão, sob pena de serem fulminadas pela preclusão, nos termos da previsão contida no art. 571, VIII, do Código de Processo Penal.
3. Na hipótese, **a discussão sobre o impedimento ou a suspeição de jurado deveria ter ocorrido no momento do sorteio**

do conselho de sentença.
4. Habeas corpus não conhecido.
(HC 208.900/SP, Rel. Ministro RIBEIRO DANTAS, QUINTA TURMA, julgado em 11/10/2016, DJe 08/11/2016) [grifei]

PROCESSUAL PENAL. HABEAS CORPUS IMPETRADO EM SUBSTITUIÇÃO A RECURSO PRÓPRIO. PEDIDO DE RECONHECIMENTO DA NULIDADE DA PRONÚNCIA. MATÉRIA NÃO APRECIADA NO TRIBUNAL DE ORIGEM. SUPRESSÃO DE INSTÂNCIA. SUPERVENIÊNCIA DE SENTENÇA PENAL CONDENATÓRIA PELO TRIBUNAL DO JÚRI. ANÁLISE PREJUDICADA. APLICAÇÃO DO ART. 580 DO CPP. IMPOSSIBILIDADE. HABEAS CORPUS NÃO CONHECIDO.
[...] 3. **A superveniência de sentença penal condenatória pelo Tribunal do Júri prejudica o exame de eventual nulidade da sentença de pronúncia.** Precedentes.
4. Habeas corpus não conhecido.
(HC 215.973/RJ, Rel. Ministro RIBEIRO DANTAS, QUINTA TURMA, julgado em 20/10/2016, DJe 09/11/2016) [grifei]

PENAL. PROCESSUAL PENAL. HABEAS CORPUS SUBSTITUTIVO DE RECURSO OU DE REVISÃO CRIMINAL. NÃO CABIMENTO. HOMICÍDIO QUALIFICADO E FURTO QUALIFICADO. DECISÃO DE PRONÚNCIA. INTERPOSIÇÃO DE RECURSO EM SENTIDO ESTRITO PELA DEFENSORIA PÚBLICA. PEDIDO DE DESISTÊNCIA DO RECURSO. RÉU FORAGIDO. ESTRATÉGIA DE DEFESA. PREJUÍZO INEXISTENTE. AUSÊNCIA DE CERCEAMENTO DE DEFESA. REVOGAÇÃO DA PRISÃO PREVENTIVA.

IMPOSSIBILIDADE. MATÉRIA NÃO ANALISADA PELO TRIBUNAL DE ORIGEM. SUPRESSÃO DE INSTÂNCIA. ORDEM CONCEDIDA DE OFÍCIO.
3. Embora prudente a manifestação do paciente para fins de desistência do recurso, contudo, a presente questão mostra-se excepcional, porquanto, além do paciente encontrar-se foragido ao tempo do fato, o Defensor Público, por meio da independência funcional que lhe é assegurada no art. 127, I, da Lei Complementar 80/94, pode adotar a estratégia de defesa que entender mais adequada em benefício do assistido, sem que isso importe em nulidade.
4. **Não se vislumbra prejuízo com a desistência do recurso durante a primeira etapa do Tribunal do Júri, mormente por não acarretar trânsito em julgado da condenação, pois tratando-se, no caso, de procedimento bifásico, o pleito defensivo não acarreta cerceamento de defesa, diante do caráter provisório do juízo de pronúncia, sendo que ainda haverá instrução processual perante o plenário, na segunda etapa do procedimento – judicium causae.**
[...] (HC 364.438/SP, Rel. Ministro NEFI CORDEIRO, SEXTA TURMA, julgado em 06/10/2016, DJe 10/11/2016) [grifei]

PROCESSUAL PENAL. AGRAVO REGIMENTAL NO RECURSO ESPECIAL. TRIBUNAL DO JÚRI. IMPEDIMENTO DE JURADO. NEGATIVA DE PRESTAÇÃO JURISDICIONAL. NÃO OCORRÊNCIA. NULIDADE NÃO ARGUIDA NO MOMENTO OPORTUNO. PRECLUSÃO. PRECEDENTES DO STJ. OFENSA A PRINCÍPIO DA COLEGIALIDADE. INEXISTÊNCIA. AGRAVOS IMPROVIDOS.
[...] 2. O entendimento do acórdão recorrido está em harmonia com a jurisprudência desta Corte no sentido da impossibilidade de se

reconhecer a nulidade do julgamento do Tribunal do Júri, sob a alegação de participação de jurados impedidos ou suspeitos, quando a questão não foi suscitada no momento oportuno.
3. **Tratando-se de processo de competência do Tribunal do Júri, as nulidades posteriores à pronúncia devem ser arguidas depois de anunciado o julgamento e apregoadas as partes, e as do julgamento em plenário, em audiência, ou sessão do Tribunal, logo após sua ocorrência, sob pena de preclusão**, consoante determina o art. 571, V e VIII, do Código de Processo Penal (HC 149007/MT, Rel. Min. Gurgel de Faria, Dje de 21/5/2015).
4. O julgamento monocrático do recurso especial, com fundamento em jurisprudência dominante do Superior Tribunal de Justiça, não constitui ofensa ao princípio da colegialidade, nos termos da Súmula 568/STJ.
5. Agravos regimentais improvidos.
(AgRg no REsp 1366851/MG, Rel. Ministro NEFI CORDEIRO, SEXTA TURMA, julgado em 04/10/2016, DJe 17/10/2016) [grifei]

AGRAVO REGIMENTAL NO AGRAVO EM RECURSO ESPECIAL. HOMICÍDIO QUALIFICADO NA FORMA TENTADA. REFERÊNCIA À DECISÃO DE PRONÚNCIA NA SESSÃO DE JULGAMENTO. NULIDADE. INEXISTÊNCIA. AUSÊNCIA DE ARGUMENTO DE AUTORIDADE E DE PREJUÍZO AO RÉU. ACÓRDÃO RECORRIDO EM CONSONÂNCIA COM A JURISPRUDÊNCIA DO STJ. SÚMULA N. 83 DO STJ. AGRAVO REGIMENTAL NÃO PROVIDO.
[...] 2. **O fato de o Parquet, em réplica, apenas mencionar a decisão de pronúncia, cujas cópias estavam nos autos, sem entrar no mérito da decisão e tampouco entrar em**

detalhes sobre ela, não induz à nulidade do julgamento.
3. A intenção do legislador, insculpida no art. 478, I, do CPP, não foi a de vedar toda e qualquer referência à decisão de pronúncia e às decisões posteriores que julgaram admissível a acusação, mas evitar que o Conselho de Sentença seja influenciado por decisões técnicas, impingindo aos jurados o argumento de autoridade.
4. A simples leitura da decisão de pronúncia no Plenário do Júri ou a referência a tal decisão, sem a especificação do seu conteúdo, não induzem à nulidade do julgamento se não forem utilizadas para fundamentar o pedido de condenação (HC n. 248.617/MT, Rel. Ministro Jorge Mussi, 5ª T., DJe 17/9/2013).
5. Agravo regimental não provido.
(AgRg no AREsp 429.039/MG, Rel. Ministro ROGERIO SCHIETTI CRUZ, SEXTA TURMA, julgado em 27/09/2016, DJe 10/10/2016) [grifei]

5.5 O tráfico privilegiado não tem natureza hedionda

No dia 23 de novembro de 2016, a Terceira Seção do Superior Tribunal de Justiça (STJ), na PET 11.796/DF, sob relatoria da Ministra Maria Thereza de Assis Moura, decidiu que o tráfico privilegiado de drogas não é crime de natureza hedionda. A decisão foi unânime.

Por meio dessa decisão, também foi cancelada a súmula nº 512 do STJ, que dizia: "A aplicação da causa de diminuição de pena prevista no art. 33, §4º, da Lei n. 11.343/2006 não afasta a hediondez do crime de tráfico de drogas."

Assim, o STJ passa a seguir o entendimento do Plenário do STF, que, em junho de 2016, entendeu, por maioria de votos, no julgamento do HC 118.533, que o crime de tráfico privilegiado não tem natureza hedionda.

Os fundamentos dessas decisões são vários, mas poderiam ser resumidos em: menor gravidade do tráfico privilegiado, envolvimento ocasional e o fato de exigir a não reincidência (primariedade).

Algumas consequências da consideração do tráfico de drogas privilegiado como crime sem natureza hedionda são:

- A progressão de regime exige o cumprimento de um sexto da pena, não importando se o apenado é primário ou reincidente, nos termos do art. 112 da Lei de Execução Penal. Se fosse considerado de natureza hedionda, a fração exigida seria de dois quintos (primário) ou três quintos (reincidente);
- O livramento condicional exige o cumprimento de um terço ou metade da pena, nos termos do art. 83, I e II, do Código Penal. Se tivesse natureza hedionda, exigiria dois terços da pena (art. 83, V, do Código Penal);
- Afasta-se a ideia de inafiançabilidade e descabimento da graça, anistia e indulto, prevista na Lei de Crimes Hediondos (Lei nº 8.072/90);

- Cabimento de indulto e comutação. Impende observar que, segundo o Decreto do Indulto publicado no final de 2015 (Decreto nº 8.615/15), o tráfico privilegiado já não se encontrava expressamente vedado, diante da taxatividade do art. 9º, II. No Decreto de Indulto de 2016 (Decreto nº 8.940/16) há uma regra específica no art. 4º. O volume 2 da coleção O Criminalista terá um texto especial analisando esse Decreto.

Por fim, uma observação:

Se por um lado ficou evidente que o tráfico privilegiado não tem natureza hedionda, por outro, deve-se ressaltar que o tráfico de drogas do "caput" do art. 33 da Lei de Drogas não é crime hediondo, mas sim equiparado a hediondo. O tráfico não está previsto no rol taxativo do art. 1º da Lei de Crimes Hediondos (Lei nº 8.072/90), estando apenas no art. 2º, em que o mencionado diploma legal prevê regras específicas para os crimes hediondos e para os equiparados a hediondos (tráfico, tortura e terrorismo).

Em outros pontos da legislação, o legislador também mencionou separadamente os crimes hediondos e o tráfico, como no art. 5º, XLIII, da Constituição Federal, e no art. 83, V, do Código Penal.

5.6 Vinte teses do STJ sobre a Lei de Drogas

O Superior Tribunal de Justiça (STJ) tem uma edição de teses jurisprudenciais sobre a Lei de Drogas (Lei nº 11.343/06), contendo alguns dos seus entendimentos sobre o crime de tráfico. Essas teses estão na edição nº 60.

Diante da relevância desses entendimentos, comentarei aqueles mais importantes:

1. O tráfico de drogas é crime de ação múltipla e a prática de um dos verbos contidos no art. 33, "caput", é suficiente para a consumação da infração, sendo prescindível a realização de atos de venda do entorpecente (HC 332396/SP, Rel. Ministro Gurgel de Faria, Quinta Turma, Julgado em 23/02/2016, DJE 15/03/2016).

COMENTÁRIO: entende-se que é desnecessária a venda da droga, desde que a conduta se subsuma a algum dos verbos do art. 33.

2. Não é cabível a concessão de indulto ao crime de tráfico de drogas, ainda que tenha sido aplicada a causa de diminuição prevista no art. 33, §4º, da Lei n. 11.343/06 (AgRg no REsp 1351018/MG, Rel. Ministro Ribeiro Dantas, Quinta Turma, Julgado em 19/11/2015, DJE 25/11/2015).

COMENTÁRIO: a tendência é de que essa tese seja alterada, considerando que a súmula nº 512 foi recentemente cancelada pelo STJ. Assim, passou-se a entender que o "tráfico privilegiado" não tem natureza hedionda, o que afasta o impedimento para a concessão de indulto quando aplicada a causa de diminuição prevista no art. 33, §4º, da Lei de Drogas. Ademais, o Decreto do Indulto de 2016 prevê regra específica sobre a concessão do indulto na hipótese de tráfico privilegiado.

3. A condenação simultânea nos crimes de tráfico e associação para o tráfico afasta a incidência da causa especial de diminuição prevista no art. 33, §4º, da Lei n. 11.343/06 por estar evidenciada dedicação a atividades criminosas ou participação em organização criminosa (HC 313015/SC, Rel. Ministro Reynaldo Soares da Fonseca, Quinta Turma, Julgado em 12/04/2016, DJE 19/04/2016).

4. O agente que transporta entorpecente no exercício da função de "mula" integra organização criminosa, o que afasta a aplicação da minorante estabelecida no art. 33, §4º, da Lei n. 11.343/0 (AgRg no REsp 1288284/SP, Rel. Ministro Reynaldo Soares da Fonseca, Quinta Turma, Julgado em 19/04/2016, DJE 29/04/2016).

5. É possível que a causa de diminuição estabelecida no art. 33, §4º, da Lei n. 11.343/06 seja fixada em patamar diverso do máximo de 2/3, em razão da qualidade e da quantidade de droga apreendida (HC 322414/SP, Rel. Ministro Reynaldo

Soares da Fonseca, Quinta Turma, Julgado em 12/04/2016, DJE 19/04/2016).

COMENTÁRIO: a causa de diminuição em análise prevê a possibilidade de redução da pena entre 1/6 e 2/3.

6. O juiz pode fixar regime inicial mais gravoso do que aquele relacionado unicamente com o quantum da pena ao considerar a natureza ou a quantidade da droga (HC 314102/TO, Rel. Ministro Ribeiro Dantas, Quinta Turma, Julgado em 12/04/2016, DJE 26/04/2016).

COMENTÁRIO: entendimento criticável, mas adotado amplamente pelo STJ. Assim, o STJ tem entendido, por exemplo, pela possibilidade de aplicação do regime inicial fechado a um condenado a 4 anos de reclusão, desde que a quantidade da droga seja expressiva (HC 366396/SP).

7. A Lei n. 11.343/06 aboliu a majorante da associação eventual para o tráfico prevista no artigo 18, III, primeira parte, da Lei n. 6.368/76 (REsp 1263229/PR, Rel. Ministro Rogerio Schietti Cruz, Sexta Turma, Julgado em 04/08/2015, DJE 18/08/2015).

8. A incidência de mais de uma causa de aumento prevista no art. 40 da Lei n. 11.343/06 não implica a automática majoração da pena acima do mínimo (2/3) na terceira fase, pois a sua exasperação exige fundamentação concreta (HC 329562/RJ, Rel. Ministra Maria Thereza de Assis

Moura, Sexta Turma, Julgado em 17/09/2015, DJE 07/10/2015).

COMENTÁRIO: há um equívoco na redação dessa tese do STJ. O aumento mínimo previsto no art. 40 é de 1/6, enquanto 2/3 é o aumento máximo previsto. De qualquer forma, a presença de mais de uma causa de aumento não permite a automática majoração da pena em fração superior ao mínimo, devendo haver fundamentação expressa sobre o motivo da majoração.

9. O art. 40 da Lei n. 11.343/06 conferiu tratamento mais favorável às causas especiais de aumento de pena, devendo ser aplicado retroativamente aos delitos cometidos sob a égide da Lei n. 6.368/76 (PExt no HC 212333/SP, Rel. Ministro Felix Fischer, Quinta Turma, Julgado em 15/12/2015, DJE 02/02/2016).

10. Não acarreta "bis in idem" a incidência simultânea das majorantes previstas no art. 40 aos crimes de tráfico de drogas e de associação para fins de tráfico, porquanto são delitos autônomos, cujas penas devem ser calculadas e fixadas separadamente (HC 250455/RJ, Rel. Ministro Nefi Cordeiro, Sexta Turma, Julgado em 17/12/2015, DJE 05/02/2016).

11. Não há "bis in idem" na aplicação da causa de aumento de pena pela transnacionalidade (art. 40, I, da Lei n. 11.343/06) com as condutas de importar e exportar previstas no

caput do art. 33 da Lei de Drogas, porquanto o simples fato de o agente trazer consigo a droga já conduz à configuração da tipicidade formal do crime de tráfico (AgRg no AREsp 620417/SP, Rel. Ministro Jorge Mussi, Quinta Turma, Julgado em 17/03/2016, DJE 01/04/2016).

COMENTÁRIO: mais um entendimento criticável. Conquanto respeite a posição do STJ, acredito haver "bis in idem" entre a transnacionalidade e a conduta específica de importar ou exportar. Contudo, outro entendimento seria se a acusação fosse por outro verbo do art. 33, afastando-se os verbos "exportar" e "importar", o que não teria grande efeito prático, por se tratar de crime de ação múltipla.

12. Configura-se a transnacionalidade do tráfico de drogas com a comprovação de que a substância tinha como destino ou origem outro país, independentemente da efetiva transposição de fronteiras (REsp 1290846/SP, Rel. Ministro Rogerio Schietti Cruz, Sexta Turma, Julgado em 15/03/2016, DJE 28/03/2016).

13. Para a incidência da majorante prevista no art. 40, V, da Lei n. 11.343/06 é desnecessária a efetiva transposição de fronteiras entre estados, sendo suficiente a demonstração inequívoca da intenção de realizar o tráfico interestadual (HC 339138/MS, Rel. Ministro Ribeiro Dantas, Quinta Turma, Julgado em 12/04/2016, DJE 26/04/2016).

COMENTÁRIO: deve-se ter cuidado com as teses 12 e 13, para que não ocorra uma equivocada responsabilização objetiva, tampouco uma antecipação, ainda que parcial (apenas sobre a majorante, e não sobre a tipificação), da intervenção do Direito Penal.

14. As condutas anteriormente descritas no art. 12, § 2º, III, da Lei n. 6.368/76 foram mantidas pela nova Lei de Drogas, razão pela qual não há que se falar em "abolitio criminis" (HC 156656/RJ, Rel. Ministro Rogerio Schietti Cruz, Sexta Turma, Julgado em 06/05/2014, DJE 15/05/2014).

15. A inobservância do rito procedimental que prevê a apresentação de defesa prévia antes do recebimento da denúncia gera nulidade relativa desde que demonstrados eventuais prejuízos suportados pela defesa (HC 332396/SP, Rel. Ministro Gurgel De Faria, Quinta Turma, Julgado em 23/02/2016, DJE 15/03/2016).

COMENTÁRIO: insta lembrar que o STJ já se manifestou pela ausência de nulidade/prejuízo em caso de adoção do rito híbrido, ou seja, apresentação de defesa escrita antes e após o recebimento da denúncia (AgRg no REsp 1581805/RS, Rel. Ministro Sebastião Reis Júnior, Sexta Turma, julgado em 21/06/2016, DJe 01/07/2016).

16. É dispensável a expedição de mandado de busca e apreensão domiciliar quando se trata de flagrante de crime

permanente, como é o caso do tráfico ilícito de entorpecentes na modalidade guardar ou ter em depósito (HC 348095/SC, Rel. Ministro Ericson Maranho (Desembargador convocado do TJ/SP), Sexta Turma, Julgado em 17/03/2016, DJE 31/03/2016). 17. A posse de substância entorpecente para uso próprio configura crime doloso e, quando cometido no interior do estabelecimento prisional constitui falta grave, nos termos do art. 52 da Lei de Execução Penal - LEP (Lei n. 7.210/84) (HC 301684/RS, Rel. Ministro Ericson Maranho (Desembargador convocado do TJ/SP), Sexta Turma, Julgado em 06/08/2015, DJE 28/08/2015)

COMENTÁRIO: a crítica a essa tese depende de uma discussão profunda sobre a natureza do art. 28 da Lei de Drogas, ou seja, se é crime ou infração "sui generis", considerando que não há pena de reclusão ou detenção.

Deve-se lembrar de que o art. 1º da Lei de Introdução ao Código Penal afirma que crime é infração penal a que a lei comine pena de reclusão ou de detenção. Dessa forma, não havendo previsão nesse sentido no art. 28 da Lei de Drogas, não seria possível afirmar que se trata de "crime doloso", motivo pelo qual essa conduta não deveria ser considerada falta grave, haja vista que não se amolda ao art. 52 da Lei de Execução Penal.

18. A comprovação da materialidade do delito de posse de drogas para uso próprio (artigo 28 da Lei n.11.343/06) exige a elaboração de laudo de constatação da substância entorpecente que evidencie a natureza e a quantidade da substância apreendida (HC 336465/RS, Rel. Ministro Nefi Cordeiro, Sexta Turma, Julgado em 04/02/2016, DJE 16/02/2016).

19. O laudo pericial definitivo atestando a ilicitude da droga afasta eventuais irregularidades do laudo preliminar realizado na fase de investigação (AgRg no AREsp 500179/SP, Rel. Ministro Ericson Maranho (Desembargador convocado do TJ/SP).

20. O laudo de constatação preliminar da substância entorpecente constitui condição de procedibilidade para apuração do crime de tráfico de drogas (RHC 065205/RN, Rel. Ministro Jorge Mussi, Quinta Turma, Julgado em 12/04/2016, DJE 20/04/2016).

5.7 Quinze teses do STJ sobre apelação criminal e recurso em sentido estrito

O Superior Tribunal de Justiça (STJ) tem uma edição de teses jurisprudenciais sobre a apelação criminal e o recurso em sentido estrito, contendo alguns dos seus entendimentos sobre esses recursos. Essas teses estão na edição n° 66. Comentarei as mais relevantes ou que necessitem de algum esclarecimento:

1. O efeito devolutivo amplo da apelação criminal autoriza o Tribunal de origem a conhecer de matéria não ventilada nas razões recursais, desde que não agrave a situação do condenado (AgRg no HC 320398/MT, Rel. Ministro Jorge Mussi, Quinta Turma, Julgado em 28/06/2016, DJE 01/08/2016).

COMENTÁRIO: trata-se da possibilidade de análise de ofício de certas matérias pelo Tribunal, desde que respeitada a vedação a "reformatio in pejus".

2. A apresentação extemporânea das razões não impede o conhecimento do recurso de apelação tempestivamente interposto (HC 281873/RJ, Rel. Ministro Reynaldo Soares da Fonseca, Quinta Turma, Julgado em 07/04/2016, DJE 15/04/2016).

COMENTÁRIO: o entendimento vigente é de que a interposição do recurso de apelação dentro do prazo, com posterior apresentação das razões fora do prazo de 8 dias (art. 600 do Código de Processo Penal), consiste em mera irregularidade. Portanto, deve-se respeitar o prazo de interposição, não havendo óbice ao conhecimento do recurso se as razões foram apresentadas extemporaneamente.

3. O conhecimento de recurso de apelação do réu independe de sua prisão. (Súmula 347/STJ) (HC 095186/MG, Rel. Ministro Nefi Cordeiro, Sexta Turma, Julgado em 18/08/2015, DJE 31/08/2015).

4. Verificada a inércia do Advogado constituído para apresentação das razões do apelo criminal, o réu deve ser intimado para nomear novo patrono, antes que se proceda à indicação de defensor para o exercício do contraditório (HC 302586/RN, Rel. Ministro Rogerio Schietti Cruz, Sexta Turma, Julgado em 10/05/2016, DJE 19/05/2016).

COMENTÁRIO: essa tese é muito importante. Caso o Advogado constituído deixe de apresentar as razões recursais em relação ao recurso interposto, não pode o Juiz, diretamente, remeter os processos à Defensoria Pública ou nomear defensor dativo. Antes, deve intimar o réu para que tenha ciência da inércia do seu Advogado e, se for o caso, constituir novo defensor. Trata-se de medida que confere maior efetividade ao princípio da ampla defesa, possibilitando que o réu escolha um Advogado de sua confiança.

5. Não cabe mandado de segurança para conferir efeito suspensivo ativo a recurso em sentido estrito interposto contra decisão que concede liberdade provisória ao acusado (HC 352998/RJ, Rel. Ministro Jorge Mussi, Quinta Turma, Julgado

em 24/05/2016, DJE 01/06/2016)

COMENTÁRIO: trata-se de decisão relevante do ponto de vista garantista.

Cabe recurso em sentido estrito contra a decisão que concede liberdade provisória, relaxa prisão em flagrante ou revoga prisão preventiva, assim como no caso de indeferimento do pedido de prisão preventiva (art. 581, V, do Código de Processo Penal). Caso o Ministério Público interponha o recurso nesses casos, não poderá pleitear, em mandado de segurança, o efeito suspensivo ativo, ou seja, uma liminar para que o acusado permaneça preso.

6. O efeito devolutivo da apelação contra decisões do Júri é adstrito aos fundamentos da sua interposição (Súmula 713/STF) (HC 266092/MG, Rel. Ministro Rogerio Schietti Cruz, Sexta Turma, Julgado em 19/05/2016, DJE 31/05/2016)

COMENTÁRIO: essa tese prevê a necessidade de vinculação do recurso de apelação contra decisão do júri a uma das situações previstas nas alíneas do art. 593, III, do Código de Processo Penal.

7. A ausência de contrarrazões ao recurso em sentido estrito interposto contra decisão que rejeita a denúncia enseja nulidade absoluta do processo desde o julgamento pelo Tribunal de origem (HC 257721/ES, Rel. Ministro Nefi Cordeiro, Sexta Turma, Julgado em 25/11/2014, DJE

16/12/2014).

COMENTÁRIO: contra a decisão que rejeita a denúncia, o Ministério Público pode interpor recurso em sentido estrito (art. 581, I, do Código de Processo Penal). Após a interposição do recurso e a apresentação das respectivas razões, deve a defesa ser intimada para apresentar contrarrazões recursais, ou seja, manifestar-se para que a decisão que rejeitou a denúncia seja mantida, o que é interesse da defesa.

Não sendo apresentadas as contrarrazões ao recurso, há nulidade absoluta.

8. Aplica-se o princípio da fungibilidade à apelação interposta quando cabível o recurso em sentido estrito, desde que demonstrada a ausência de má-fé, de erro grosseiro, bem como a tempestividade do recurso (AgInt no REsp 1532852/MG, Rel. Ministro Sebastião Reis Júnior, Sexta Turma, Julgado em 07/06/2016, DJE 22/06/2016)

COMENTÁRIO: em outras palavras, a apelação interposta equivocadamente no lugar do recurso em sentido estrito será recebida, desde que presentes os requisitos mencionados.

9. A decisão do juiz singular que encaminha recurso em sentido estrito sem antes proceder ao juízo de retratação é mera irregularidade e não enseja nulidade absoluta (HC 216944/PA, Rel. Ministra Assusete Magalhães, Sexta Turma, Julgado em

04/12/2012, DJE 18/12/2012).

COMENTÁRIO: esse entendimento é criticável. O juízo de retratação no recurso em sentido estrito está previsto no art. 589 do Código de Processo Penal. Entendo que considerar como mera irregularidade a omissão dessa etapa, que permite ao juiz avaliar os fundamentos do recurso e se retratar, é preocupante, porquanto há evidente prejuízo (utilizando a expressão de Processo Civil normalmente empregada nas nulidades processuais penais).

Contudo, em outros casos, como no recurso em sentido estrito interposto contra a revogação da prisão preventiva, há benefício para a Defesa em caso de omissão da etapa de retração, haja vista que a retratação resultaria no retorno à prisão.

10. O adiamento do julgamento da apelação para a sessão subsequente não exige nova intimação da defesa (HC 353526/SP, Rel. Ministro Reynaldo Soares da Fonseca, Quinta Turma, Julgado em 14/06/2016, DJE 21/06/2016).

11. Inexiste nulidade no julgamento da apelação ou do recurso em sentido estrito quando o voto de Desembargador impedido não interferir no resultado final (HC 352825/RS, Rel. Ministro Nefi Cordeiro, Sexta Turma, Julgado em 10/05/2016, DJE 20/05/2016).

12. O acórdão que julga recurso em sentido estrito deve

ser atacado por meio de recurso especial, configurando erro grosseiro a interposição de recurso ordinário em "habeas corpus" (RHC 042394/SP, Rel. Ministro Reynaldo Soares da Fonseca, Quinta Turma, Julgado em 10/03/2016, DJE 16/03/2016).

COMENTÁRIO: por esse entendimento, a interposição equivocada de recurso ordinário em "habeas corpus" quando se trata de julgamento de recurso em sentido estrito fará com que o recurso não seja conhecido, isto é, o recurso ordinário interposto não será recebido como recurso especial. Nessa hipótese, não é aplicado o princípio da fungibilidade recursal, porque o recurso ordinário em "habeas corpus" tem suas hipóteses de cabimento constitucionalmente descritas.

13. O julgamento de apelação por órgão fracionário de tribunal composto majoritariamente por juízes convocados não viola o princípio constitucional do juiz natural (HC 324371/RN, Rel. Ministro Ribeiro Dantas, Quinta Turma, Julgado em 19/05/2016, DJE 27/05/2016).

COMENTÁRIO: apesar de ser entendimento amplamente adotado, entendo que a questão merece maior discussão, principalmente sobre a extensão do princípio do juiz natural, ou seja, se ele se refere apenas ao órgão ou se atinge também sua composição.

14. É nulo o julgamento da apelação se, após a

manifestação nos autos da renúncia do único defensor, o réu não foi previamente intimado para constituir outro. (Súmula 708/STF) (HC 329263/BA, Rel. Ministro Sebastião Reis Júnior, Rel. p/ Acórdão Ministro Rogerio Schietti Cruz, Sexta Turma, Julgado em 16/06/2016, DJE 01/07/2016).

COMENTÁRIO: trata-se de entendimento semelhante ao da tese n° 4. Em virtude do princípio constitucional da ampla defesa, o réu tem o direito de ser intimado da renúncia de seu Advogado para que, querendo, constitua novo procurador ou opte pela assistência da Defensoria Pública.

15. A renúncia do réu ao direito de apelação, manifestada sem a assistência do defensor, não impede o conhecimento da apelação por este interposta. (Súmula 705/STF) (RHC 061365/SP, Rel. Ministro Felix Fischer, Quinta Turma, Julgado em 03/03/2016, DJE 14/03/2016).

COMENTÁRIO: entendimento importante que consagra o princípio da ampla defesa, fazendo prevalecer o recurso interposto pelo Advogado em detrimento da renúncia do réu ao direito de apelar, normalmente manifestada ao oficial de justiça por meio de um formulário que acompanha o mandado.

A questão é relevante porque muitos acusados ficam com receio de apresentarem recurso e, posteriormente, terem a pena majorada. Desconhecem, portanto, a vedação a "reformatio in pejus". Não havendo possibilidade de prejuízo ao réu em virtude do recurso interposto pela Defesa, deve prevalecer o recurso, pois consiste numa possibilidade de que, havendo êxito do recurso, o réu alcance uma situação jurídica mais benéfica.